James McTavish, fmvd

«Una vida de oración»
30 días con la Palabra de Dios

Una vida de oración
© Publicaciones Claretianas, 2024
Juan Álvarez Mendizábal, 65 dpdo, 3º
28008 Madrid
Tel.: 915 401 268
Fax: 915 400 066
www.publicacionesclaretianas.com
publicaciones@publicacionesclaretianas.com
comercial@publicacionesclaretianas.com

ISBN: 978-84-7966-805-1
Depósito Legal: M-26205-2024

Impreso en España - Printed in Spain
Imprime: Estugraf

Prólogo

«Señor, enséñanos a orar» (Lucas 11,1). Esta fue la petición de los discípulos a Jesús. También es nuestra petición, ¡porque la oración es un aprendizaje continuo! James McTavish, sacerdote misionero de Verbum Dei, nos coge de la mano y nos guía en la oración a través de la Palabra de Dios: como dice san Ambrosio, «escuchamos a Dios cuando leemos las Escrituras». Rezar es un ejercicio. Igual que en el entrenamiento físico, empezamos calentando. De ahí que dediquemos una semana a «ejercicios de calentamiento» que, por cierto, debemos practicar constantemente. Como «los pobres de Yavé», tenemos que seguir aprendiendo cómo pedir con humildad, siempre atentos y amables con Dios. Necesitamos crecer en la fe, con la ayuda del Espíritu Santo y ser plenamente conscientes de que la oración es siempre una lucha. Rezar es sencillo, pero ¡cuántas veces lo sencillo es lo más difícil!

En la segunda semana, el autor nos recuerda que en una relación con Dios participan nuestra mente, el corazón y la fuerza. En un diálogo «afectivo y efectivo», el Señor llena nuestro ser con paz, amor y significado. Es una cuestión de amistad, como comprendió santa Teresa de Ávila: «No es otra cosa oración mental, a mi parecer, sino tratar de amistad, estando muchas veces tratando a solas con quien sabemos nos ama».

El padre James nos invita a dedicar la tercera semana a rezar con nuestra Madre, María. Ella es nuestra compañía más cercana en el viaje. Dios nos conoce a nosotros y el contexto de nuestras vidas y nos habla igual que a María. Con nuestra Madre, aprendemos a abrirnos a la presencia de Dios, a confiar en Él y a guardar su Palabra en nuestros corazones. La Palabra sobre la que meditamos y que hacemos nuestra nos infunde la valentía para seguir a Jesús como María, su discípula perfecta. La misión es el resultado de cada diálogo con Dios, «pues él quiere que todos sean salvos y lleguen a conocer la verdad» (1 Timoteo 2,4).

En la cuarta semana, descubrimos que la amistad con Dios «nos hace globales»: personas capaces de amar con «un corazón universal». La Palabra, hecha carne en nuestras vidas, nos transforma en la imagen del Hijo (cf. Romanos 8,29).

En nuestra conversación con Dios, donde Él nos habla y nosotros le respondemos, Él inscribe su Palabra en nuestros corazones tan profundamente que solo podemos hablar de lo que hemos visto y oído (cf. Hechos 4,20). Este libro nos introduce en el estilo de oración de acuerdo con la práctica y enseñanza del padre Jaime Bonet, fundador del Verbum Dei. En algunos ejercicios, un texto de sus escritos arroja luz como testimonio de su camino de oración. Puede que la práctica de estos ejercicios de oración nos ayude a unirnos a la maravillosa experiencia de escuchar en nuestro interior la voz de Dios hablando a través de su Palabra. Puede que nuestra vida se convierta en «una vida de oración», en diálogo constante con el Padre, Jesús y el Espíritu Santo, sostenido con María de Nazaret, nuestra Madre.

Dra. Lucía Herrerías Guerra,
misionera Verbum Dei

INTRODUCCIÓN

En el seno de nuestra sociedad se encuentra en muchas personas el deseo de aprender a orar, una mayor sed de oración y de sentido de la vida. Al percibirlo, sentí que era el momento adecuado para escribir un libro sobre la oración, una oración centrada en la Palabra de Dios. «La oración es diálogo con Dios; y toda criatura, en un cierto sentido, "dialoga" con Dios» decía el papa Francisco (*Audiencia general*, 21 de abril de 2021).

A menudo me plantean esta pregunta: «¿Cómo rezo con la Palabra de Dios?». Al principio, puede ser un gran reto. ¿Qué hay que hacer exactamente mientras se está en silencio? Este libro está especialmente escrito para aquellos a los que les gustaría aprender a orar con la Palabra de Dios. A los que ya lo hacen, les podría ayudar incluso a profundizar más.

Durante un periodo de treinta días se facilitarán una serie de ejercicios para realizar al menos uno diario. El objetivo es completar los ejercicios de una forma regular, continuada e *in crescendo*. Pasado un mes, y con perseverancia, nos habremos hecho con las herramientas y aptitudes que nos ayudarán a profundizar en nuestra vida de oración. A través de este viaje deberemos mentalizarnos para mantener esta actitud humilde de pedir al Señor su ayuda todos los días. Un mes después serás todo un experto en la oración y ¡se habrá acabado la lucha! De hecho, sabemos que tras completar los 30 días (un día de introducción, veintiocho días de ejercicios y un día final para las conclusiones), al mes siguiente, aún tendremos que pedir con humildad cada día: «Señor, enséñanos a orar» (Lucas 11,1). Después de todo, nuestro objetivo es una vida de oración. Necesitamos escuchar al Señor de una forma nueva ya que cada día es precisamente eso, un nuevo día. La vida es tan dinámica que el Señor persevera en enseñarnos en cada momento de nuestras vidas. Así se pondrá de manifiesto la centralidad de la Palabra de Dios. Este es un llamamiento general de la Iglesia, especialmente en los últimos años. Dios quiere conversar con nosotros, hablar con nosotros, comunicarse con nosotros. Dios no solo quiere hablar con nosotros, sino que nosotros hablemos con Él. ¿Cómo escuchamos a Dios? ¿Cómo hablamos con Él? ¡Él nos enseña!

Hay que señalar desde el principio la naturaleza dialogante de nuestra oración. Al recordar cómo rezamos, a menudo planteo a los participantes tres preguntas abiertas. La primera es: «¿Cuántos rezamos aquí?». Y casi todos levantan la mano. La segunda: «¿Puedes recordar qué le dijiste a Dios?», y un buen número de manos continúa en el aire. Después, en mi tercera pregunta, que normalmente les provoca sorpresa, se produce una bajada generalizada de manos. «¿Y qué respuesta te dio Dios?». Normalmente nos sorprende y a menudo no nos convence que Dios quiera hablar con nosotros. «¿Cómo sé si soy yo quien está hablando o si es Dios quien me habla?». La madre Iglesia nos da una respuesta clara en la constitución *Dei Verbum* (no confundirlo con «Verbum Dei», la forma breve de referirse a la Fraternidad Misionera Verbum Dei), que nos enseña que, cuando leemos la Palabra de Dios, es Dios quien nos está hablando.

«Lléguense, pues, gustosamente, al mismo sagrado texto, ya por la Sagrada Liturgia, llena del lenguaje de Dios, ya por la lectura espiritual, ya por instituciones aptas para ello, y por otros medios, que con la aprobación o el cuidado de los Pastores de la Iglesia se difunden ahora laudablemente por todas partes. Pero no olviden que debe acompañar la oración a la lectura de la Sagrada Escritura para que se entable diálogo entre Dios y el hombre; porque "a Él hablamos cuando oramos, y a Él oímos cuando leemos las palabras divinas"» (DV 25).

La última frase, «a Él hablamos cuando oramos, y a Él oímos cuando leemos las palabras divinas» es de san Ambrosio, quien nos asegura que, cuando escuchamos las palabras de las Sagradas Escrituras, es Dios quien nos habla.

Ahora bien, podríamos pensar que Dios está limitado al hablarnos única y exclusivamente a través de las Sagradas Escrituras. Pero, por supuesto, esto no es verdad. El Señor habla con nosotros de varias formas. Repasémoslas: cuando el sol se levanta cada mañana nos da esperanza y cuando se pone nos aporta paz. Dios habla en su propia creación a través de la naturaleza y de las personas. Dios nos habla en nuestra conciencia y en todos los acontecimientos de la vida. Habla en los sacramentos, en las enseñanzas de la Iglesia, en su Tradición y a través de los profetas, entre otros.

Sin embargo, concedemos un lugar privilegiado a los evangelios, a Jesús de Nazaret, que nos habla a través de sus palabras y acciones. Jesús es nuestro modelo de oración: Él rezaba, y rezaba mucho. Dijo a sus discípulos que no se rindieran, sino que siguieran rezando. Les enseñó la importancia de la oración con su ejemplo y a través de sus parábolas sobre la oración:

«Suponed —continuó— que alguno de vosotros tiene un amigo y viene durante la medianoche y le dice: "Amigo, préstame tres panes, pues uno de mis amigos ha venido de viaje y no tengo nada que ofrecerle"; y, desde dentro, aquel le responde: "No me molestes; la puerta ya está cerrada; mis hijos y yo estamos acostados; no puedo levantarme para dártelos"; os digo que, si no se levanta y se los da por ser amigo suyo, al menos por su importunidad se levantará y le dará cuanto necesite» (Lucas 11,5-8).

En algunas ocasiones nuestra oración podría tomarse como una obligación, un momento de aburrimiento o una mera formalidad. ¿Cómo transformarlo en una experiencia? Intentaremos responder a esa cuestión en este libro. Es tan diferente cuando no solo vemos palabras en una página, sino que vemos el rostro amoroso que hay detrás. A través de la Palabra podemos encontrar a Jesús. ¿Dirías que tu oración es una experiencia de encuentro con Cristo? ¿Cómo podemos convertirlo en una experiencia significativa de encuentro con Cristo? Intentaremos lograrlo con la ayuda de este libro. ¿Cómo lo haremos? Creo que lo mejor es recopilar una serie de ejercicios de oración diarios que puedan ponerse en práctica todos los días.

Este libro parte de la espiritualidad del padre Jaime Bonet, fundador de la Fraternidad Misionera Verbum Dei. Citaré algunos de sus escritos más relevantes desde los libros *Así será tu descendencia*, una serie de meditaciones que impartió durante unos ejercicios espirituales, y *A Solas*, una colección de sus oraciones. Me siento en deuda con todos los misioneros que han codificado, transcrito y redactado la oración y prédicas de nuestro querido fundador a lo largo de los años.

De igual modo, utilizaremos los escritos y homilías del papa Francisco incluyendo la serie de once catequesis del

Papa sobre la oración que pronunció en sus audiencias generales del 7 de abril al 16 de junio de 2021. Mencionaremos también algunas citas de otros documentos suyos, como *Evangelii gaudium*, *Gaudete et exsultate*, y *Spes non confundit*, su bula de convocación del Jubileo ordinario del año 2025, que está dedicado a la esperanza. Citando a san Pablo: «esta esperanza que nosotros tenemos es como un ancla del alma, sólida y firme» (Hebreos 6,19). Por lo anteriormente dicho, el Papa nos invita a todos a anclarnos en la esperanza.

«La imagen del ancla es sugestiva para comprender la estabilidad y la seguridad que poseemos si nos encomendamos al Señor Jesús, aun en medio de las aguas agitadas de la vida. Las tempestades nunca podrán prevalecer, porque estamos anclados en la esperanza de la gracia, que nos hace capaces de vivir en Cristo superando el pecado, el miedo y la muerte. Esta esperanza, mucho más grande que las satisfacciones de cada día y que las mejoras de las condiciones de vida, nos transporta más allá de las pruebas y nos exhorta a caminar sin perder de vista la grandeza de la meta a la que hemos sido llamados, el cielo… Dejémonos atraer desde ahora por la esperanza» (*Spes non confundit*, n. 25).

Cómo utilizar el libro

Si queremos estar en forma, necesitamos comer sano y hacer algo de ejercicio. Habría que renunciar a la comida basura. Cuando comenzamos un nuevo tipo de ejercicios, al principio nos resulta difícil porque nuestros músculos no están acostumbrados. La práctica y el tiempo nos hacen mejorar. Casi sin darnos cuenta podremos aguantar más tiempo e incluso levantar más peso. En esa misma línea, este libro ofrece 30 ejercicios espirituales, uno para cada día del mes. Se trata de ejercicios para reforzar la vida interior y hacernos espiritualmente más fuertes.

Cada nueva jornada te será propuesto un nuevo ejercicio. Deberías intentar practicarlo tan a menudo como te sea posible a lo largo del día; y al finalizarlo, dedica también un momento para evaluar cómo te ha ido. Si no ha ido tan bien, hay que relajarse y tomárselo con calma. Mañana será otro día.

También ayuda pensar que, cuando vamos al gimnasio, es recomendable variar los ejercicios para entrenar distintos grupos de músculos. Hacer solo un ejercicio puede lesionarnos o resultar aburrido. Lo mismo ocurre con la oración. No hagas solo un ejercicio. Hay momentos en los que pedimos y otros en los que damos gracias. Podemos hacer un «entrenamiento cruzado». A veces mi oración contiene peticiones y agradecimientos. Le pido al Señor por algunas de mis necesidades y, mientras sigo rezando, descubro que estoy también pidiendo por las necesidades de otros.

Otro consejo es fijar un tiempo para la oración. Cuando los médicos recomiendan ir al gimnasio, no hay que ir 24 horas seguidas. Es mejor reservar un tiempo para hacer nuestros ejercicios. Lo mismo ocurre con la oración. Es muy útil fijar un momento concreto del día. La mayoría de la gente prefiere rezar por la mañana antes de comenzar sus obligaciones. El tiempo que invertimos en el Señor suele ayudar a que el día transcurra más fácilmente. Recuerda, siempre te queda el día de mañana. Cuando hacemos ejercicios espirituales, no es necesario que dominemos el ejercicio en un día. Puede ser que cuando examinemos nuestro tiempo de oración lo encontremos muy centrado en nosotros. ¡Tranquilidad! Aún nos queda el día siguiente para ejercitar la oración por los demás.

Ten fe en lo que has pedido hoy y regresa al día siguiente con fuerzas renovadas. Quizás entonces puedas proponerte otro reto y aumentar el peso ligeramente. Podremos estirar esos músculos de la oración un poco más.

El objetivo de este libro es ayudar a aprender a rezar con la Palabra de Dios. Si ya sabemos un poco, entonces podremos mejorar e incluso profundizar en nuestra vida de oración. ¡Preparémonos para *rezar*!

CONDICIONES PARA LA ORACIÓN

No querría alargarme demasiado en el preámbulo, pero esta parte es vital:

* *Busca un lugar adecuado para rezar.* Uno de los primeros requisitos es encontrar un lugar tranquilo que fomente el silencio en nosotros. Puede que haga falta un poco de creatividad para encontrar el mejor lugar. Para algunos puede ser una habitación o un rincón de la casa. Para otros puede ser una iglesia o una capilla si tenemos la suerte de tener una cerca.

* *Encuentra un buen momento para rezar.* La mayoría de la gente prefiere rezar por la mañana. Si lo posponemos, las ocupaciones hacen que la oración se limite a tumbarnos en la cama por la noche empezando por «Señor, gracias por este día» y lo más normal es que nos quedemos dormidos durante el tiempo de oración, por lo que no sería una oración de calidad.

* *Establece una rutina.* Uno de los obstáculos para la oración por las mañanas es tener una agenda repleta de ocupaciones. ¿Podríamos pensar entonces en levantarnos 15 minutos antes? Pero eso podría hacernos sentir cansados. ¿Por qué? ¿A qué hora nos fuimos a la cama

por la noche? Es cuando nos empezamos a dar cuenta de la importancia de cierta disciplina en nuestra vida de oración. La preparación para la oración de la mañana comienza en realidad la noche anterior.

Esta es la enseñanza que surge de la espiritualidad del Verbum Dei:

«El amor auténtico y fuerte, igual que un enamoramiento sincero y permanente, es algo que no se improvisa ni surge espontáneamente. El amor a Jesús sigue la misma dinámica y crece igualmente en nosotros a medida del conocimiento vivencial que vamos teniendo de Él. Es fruto de una correspondencia fiel y generosa a su amor» (*Estatutos Verbum Dei*, n. 99).

Así que establece una hora para irte a descansar. Fija una hora para levantarte, ¡y sé realista! Durante los primeros días podemos tener un poco de sueño, pero no hay que rendirse. Todas las cosas de la vida que merece la pena lograr exigen un poco de esfuerzo y determinación.

¿Qué necesitas?

- *Un cuaderno*. Para motivarnos sería muy útil invertir en un cuaderno de notas. Ya puedo escuchar algunas protestas, diciendo: «¡Espera! ¿No sabías que yo rezo con el móvil?». Sí, lo sé perfectamente y precisamente por eso sugiero hacernos con un cuaderno. Yo mismo acabo enviando mensajes, contestando llamadas, mirando aplicaciones como *Facebook* y *WhatsApp* y otras tantas distracciones. Seamos honestos y preguntémonos: «En relación a la oración, ¿es el móvil una distracción?». Supongo que la respuesta es sí. Así que dejémonos de excusas. Solo hay que invertir un poco de dinero en un cuaderno.

- *Un bolígrafo.* Un consejo que puede resultar útil. Derrocha un poco y hazte con un par de bolis de colores. Para subrayar la Palabra de Dios, yo escribo los pasajes de la Biblia en rojo para que sobresalgan. Utilizo el negro o el azul para mis reflexiones y notas. Hay que acostumbrarse a escribir en un cuaderno. Puede que te resulte un rollo, pero continúa haciéndolo. Nuestros pensamientos surgen con más facilidad. Escribir nuestras oraciones nos ayuda a concentrarnos.
- *La Biblia.* Esta es una obligación para todos nosotros, así que invierte en una. Las Sagradas Escrituras deben estar a nuestro alcance. Personalmente me gusta la Nueva Biblia de Jerusalén, la Nueva Biblia Americana y algunas veces la Sagrada Biblia de la Conferencia Episcopal Española y la Biblia de Nuestro Pueblo.

La Palabra de Dios será ahora un componente habitual de nuestra agenda diaria. Fuera la «comida basura» de las críticas, los malos recuerdos, el rencor, la negatividad, la ansiedad excesiva o inútil. ¿Qué «comida basura» solemos comer? Cojamos nuestro cuaderno, los bolígrafos y nuestra Biblia. Y, de nuevo, recuerda silenciar el móvil y dejarlo apartado hasta que termine nuestro tiempo de oración.

Semana 1:
Ejercicios de calentamiento

Introducción a la semana i

Durante esta semana calentaremos y estiraremos nuestros músculos de la fe. ¡Empecemos a trabajar! El primer ejercicio es tan básico que a menudo olvidamos hacerlo: pedir. Tenemos que pedir todo lo que necesitamos, especialmente la gracia de la oración. El acto de pedir también nos recuerda que estamos en presencia de Alguien, de un Dios que nos ama y es verdaderamente juicioso. Nadie puede imaginar la cantidad de cosas buenas que Dios da a aquellos que se lo piden (cf. Efesios 3,20).

De todas las cosas que podemos pedir, la más esencial para la oración es la fe. Es una de las cosas que los apóstoles suplicaban al Señor: «¡Aumenta nuestra fe!» (Lucas 17,5). Como afirmaba Jaime Bonet: «Pues sin fe no puedo orar, no puedo acercarme a Dios… Lo único que pedía Jesús a sus discípulos, de sí ignorantes y de poca estima humana, era la fe. De ahí, que la potencia y fuerza de los discípulos no estaba en sus valores y aptitudes humanas, sino en su fe» (*Así será tu descendencia*, Temas 4, 11 y 19). De igual manera, en una audiencia general, el papa Francisco acentuó la importancia de la fe: «Sin la fe, todo se derrumba; y sin la oración, la fe se apaga. Fe y oración, juntas. No hay otro camino» (*Audiencia general*, 14 de abril de 2021).

Habacuc dice: «El justo vivirá por su fe» (Habacuc 2,4) porque «sin fe es imposible agradar a Dios, ya que cualquiera que se acerca a Dios tiene que creer que Él existe y que recompensa a quienes lo buscan» (Hebreos 11,6). Nosotros tenemos fe en general, pero también es cierto que en algunos momentos de la oración podemos bloquearnos un poco. ¿Qué significa esta frase desde la Palabra de Dios para mí y para mi vida? ¿Qué podemos hacer en esos momentos? ¿A quién vamos a llamar? ¿A los cazafantasmas? ¡Por supuesto que no! No a los cazafantasmas sino al fantasma santo, es decir, al Espíritu Santo. Solo podemos entender la Palabra de Dios con la ayuda del Espíritu Santo que inspiró la redacción de las Escrituras. El Espíritu también puede inspirarnos. El papa Francisco escribe: «La Iglesia necesita imperiosamente el pulmón de la oración» (*Evangelii gaudium*, n. 262). Pidamos al Espíritu Santo el don para que nos inspire en nuestra vida de oración. Si no estamos inspirados, ¡muy pronto podríamos estar caducados!

El poder de concentrarnos nos ayudará a gestionar las distracciones que seguramente irrumpirán en nuestra oración. ¿Qué hacemos con ellas? ¿Cómo las minimizamos? En algún punto podremos ver y distinguir que no todo lo que percibimos como distracciones lo son de verdad, sino que pueden ser indicaciones o una llamada del Señor.

Separar el grano de la paja es parte del reto de la oración. Sabemos que a los malos espíritus no les gusta vernos rezar. Esa es la razón por la que quieren impedirnos tener un diálogo y estar en comunión con Dios. Tener luchas en la oración, como la sequedad o la pereza, es parte del camino. Viene con ella, así que espérala, pero ¡mantente en guardia y prepárate para el combate! Las criaturas salvajes vienen, pero los ángeles nos ayudan. La oración no es solo una lucha hasta la muerte contra el enemigo. Muchas veces implica luz, paz, consuelo y muchos mensajes inspiradores. Tenemos que ser capaces de detectar a los mensajeros de Dios («ángeles») y los mensajes en medio de un mundo lleno de ruidos. Así que, sin más dilación, vayamos a por el primer ejercicio. ¿Estás preparado? ¡Vamos allá!

Semana 1: Ejercicios de calentamiento

Día 1	El ejercicio de pedir
Día 2	Crecer en la fe
Día 3	Ven, Espíritu Santo
Día 4	Poder de concentración
Día 5	La batalla de la oración
Día 6	Detectando ángeles
Día 7	Deja que Dios haga el trabajo

Semana 1: día 1. El ejercicio de pedir

«Pedid, y se os dará», dijo Jesús (Mateo 7,7).

«No olvides pedir a Dios la ayuda que necesitas». Ese fue el sólido mensaje de las misioneras del Verbum Dei cuando empecé a aprender a rezar con la Palabra de Dios. Muchos años y muchos cuadernos de notas después, continúo practicándolo. Al principio de cada ejercicio de oración pedimos al Señor lo que necesitamos. No quiero decir exponerle una lista de deseos o una lista de la compra que Él tiene que hacer. En realidad, podemos pedirle más fe, más amor y más concentración en la oración. Pedir es ser conscientes de lo que necesitamos. Algunas veces tenemos miedo de pedir, quizás no estamos acostumbrados. Para eso necesitamos practicar.

Antes de empezar nuestra oración hoy pasemos un momento haciendo una especie de inventario personal.

¿Qué necesitamos para agradar a Dios? Cuando entendemos que Dios está de nuestra parte, enraizándonos, puede parecer un poco paralizante. Tendemos a pensar que necesitamos agradarle primero y completar una larga lista de preceptos antes incluso de acercanos o pedir a Dios.

En el evangelio de Marcos conocemos a Bartimeo, un hombre ciego. Cuando se acerca a Jesús, nuestro Señor le hace una pregunta sorprendente: «¿Qué quieres que haga por ti?» (Marcos 10,51). Si Jesús nos preguntara lo mismo ahora, ¿cómo responderíamos? ¿Conoces tus necesidades? Algunas veces estamos tan ocupados intentando estar en contacto con las necesidades de otros que ¡negamos las nuestras! Debemos acostumbrarnos a la práctica de pedir, especialmente de pedir fe. «Pedid, y se os dará; buscad, y encontraréis; llamad, y se os abrirá» (Mateo 7,7). Pedir con confianza, también sabiendo que, «si vosotros, aun siendo malos, sabéis dar cosas buenas a vuestros hijos, ¡cuánto más vuestro Padre que está en el cielo dará cosas buenas a los que le piden!» (Mateo 7,11). Los versículos paralelos en el evangelio según san Lucas dicen «cuánto más el Padre celestial dará el Espíritu Santo a quienes se lo piden» (Lucas 11,13).

Al pedir, estamos calentando los músculos de nuestro corazón. La oración es un ejercicio de deseo y de crecimiento en nuestra capacidad para recibir al propio Dios. San Agustín habló sobre el deseo: «Dios, retardando su don, ensancha el deseo; con el deseo, ensancha el alma y, ensanchándola, la hace capaz de su don» (una homilía sobre la primera carta de san Juan).

Cuando hablamos con Dios debemos hacerlo de forma «natural». A menudo nos bloqueamos cuando inventamos títulos en el camino: el Altísimo, Omnipotente y Omnipresente. Aunque todos son ciertos y válidos, queremos ser capaces de dialogar con Él de la forma más natural posible. Deseamos hablar con Él libremente, tener conversaciones y poder decir al Padre, a Jesús y al Espíritu Santo: «Hola, ¿cómo estás?». Por tanto, en la oración, intenta ser lo más normal posible.

El consejo de Jaime Bonet es el mismo que el de muchos santos:

«Aconsejaría que cada uno sea él ante Dios; que conserve en la oración la personalidad que tiene fuera de ella. Tú tienes que ser tú; vale mucho la espontaneidad, la naturalidad, cosa que se va adquiriendo con la libertad. Si eres simpático y siempre sonríes, quiero imaginar que con Jesús no te portas arisco y con cara larga. Si no llegas a tratar a Jesús como a una persona, siempre será para ti alguien extraño que nunca te cautivará el corazón. Las manifestaciones de afecto, según sea cada uno, son lo normal si hablamos de un trato amoroso» (*Así será tu descendencia*, Tema 23, 2).

Al hablar con Dios e intentar expresarnos con naturalidad es esencial pedirle fe, porque sin fe no podemos rezar.

Empecemos nuestros ejercicios

• Habla con Dios de la forma más natural posible en tu oración. Cuéntale a Dios cómo te sientes.
• ¿Cuáles son tus necesidades? ¿Qué te gustaría pedirle a Dios?

SEMANA 1: DÍA 2. CRECER EN LA FE

«Señor, aumenta nuestra fe» (Lucas 17,5).

Parece extraño incluso mencionar que necesitamos ejercitar nuestra fe. Creemos que ya nos viene dada, que tenemos fe y que creemos en Dios Padre, etc. La falta de fe y oración puede afectar a menudo a los hombres y mujeres religiosos. Para mantener firme nuestra fe es necesario rezar. La gran tentación es dejar de rezar y como consecuencia perder la fe. Nadie es inmune a esto, así nos lo señala santa Teresa de Ávila en una carta dirigida a un obispo.

«Representándole, pues, yo a nuestro Señor las mercedes que le ha hecho a usted y yo le conozco, de haberle dado humildad, caridad, y celo de almas, y de volver por la honra de nuestro Señor; y conociendo yo este deseo, pedile a nuestro Señor acrecentamiento de todas virtudes, y perfección, para que fuese tan perfecto, como la dignidad en que nuestro Señor le ha puesto pide. Fueme mostrado que le faltaba a usted lo más principal que se requiere para esas virtudes; y faltando lo más, que es el fundamento, la obra se deshace, y no es firme porque le falta la oración» (Carta VIII, Al Sr. D. Alonso Velázquez, obispo de Osma, n. 3).

Lo que notamos es que a menudo no vivimos según la fe, sino según nuestros sentimientos. Los sentimientos no son malos per se, son dones de Dios. Sin embargo, cuando decidimos basarnos en nuestros sentimientos, nuestras decisiones pueden nublarse. De hecho, tenemos que ser más conscientes para hacer muchos y constantes «actos de fe». Jaime Bonet subraya la importancia de los actos de fe:

«La vida de fe se consigue con repetición de actos de fe que, al irse enlazando unos con otros, producen un estado de fe. En la mañana decimos: "Yo creo en ti, Tú estás dentro de mí". Pero, si este acto no se repite, el mundo nos va atrapando. En cambio, si se van haciendo repetidamente actos de fe, llegaremos a vivir en un estado habitual de fe» (*Así será tu descendencia*, Tema 9, 18).

¿Qué actos de fe podemos hacer hoy? Estos son algunos ejemplos, pero tú puedes también hacer los tuyos.

— Creo que mi oración da vida al mundo de hoy.

— Creo que Jesús necesita mi respuesta.

— Creo que mi oración da vida al Cuerpo de Cristo.

— Creo que Dios me ama.

— Creo que Dios está conmigo ahora mismo.

— Creo... (eh, no seas perezoso. También puedes hacer los tuyos propios ahora...).

Si os dais cuenta no es lo que «yo siento». No es mi intención martillear sentimientos, pero a veces lo que yo siento no coincide con mi fe. Se trata de un ejercicio diario, una especie de reto que debemos practicar ya que nos puede resultar muy nuevo. Algunas veces, nuestros músculos de la fe están un tanto agarrotados, y hay que calentarlos. Hay que estirarlos con pequeños actos de fe, y después gradualmente y con paciencia desarrollar esos músculos de la fe. No nos cansemos de pedir más fe. A veces nos cansamos, perdemos la fe porque pensamos que nuestra oración no es escuchada, o no es respondida lo suficientemente rápido.

«Hay una contestación radical a la oración, que deriva de una observación que todos hacemos: nosotros rezamos, pedimos, sin embargo, a veces parece que nuestras oraciones no son escuchadas: lo que hemos pedido – para nosotros o para otros – no sucede. Nosotros tenemos esta experiencia, muchas veces… Tenemos un poco de memoria: cuántas veces hemos pedido una gracia, un milagro, digámoslo así, y no ha sucedido nada. Después, con el tiempo, las cosas se han arreglado, pero según el modo de Dios, el modo divino, no según lo que nosotros queríamos en ese momento. El tiempo de Dios no es nuestro tiempo… Aprendamos esta paciencia humilde de esperar la gracia del Señor, esperar el último día. Muchas veces, el penúltimo día es muy feo, porque los sufrimientos humanos son feos. Pero el Señor está y en el último día Él resuelve todo» (Francisco, *Audiencia general*, 26 de mayo de 2021).

Los discípulos que eran frecuentemente reprendidos por Jesús, no era por su falta de amor (del que a menudo carecían), ni por falta de devoción, sino por su falta de fe. «Hombres de poca fe» (Mateo 8,26). Esa es la razón por la que imploran a nuestro Señor: «Aumenta nuestra fe» (Lucas 17,5).

Tenemos que ejercitar nuestros músculos de la fe

• Hoy, haz un acto de fe al principio de tu oración. «Señor, creo que esta oración dará vida a mucha gente. Señor, creo…». No te límites a copiar los míos, haz los tuyos propios.

- Según pase el día, tómate algunos momentos para realizar algunos actos de fe más. El objetivo es hacer cinco actos de fe a lo largo del día.

- Al final de la jornada, intenta recordar esos cinco actos de fe que has hecho durante el día.

SEMANA 1: DÍA 3. VEN, ESPÍRITU SANTO

«El Espíritu mismo intercede por nosotros» (Romanos 8,26).

No llegaremos muy lejos en nuestra oración sin la ayuda del Espíritu Santo. Algunas veces se le conoce como «la persona olvidada de la Trinidad». A menudo recordamos rezar a Jesús o pedirle ayuda al Padre, pero nos olvidamos totalmente de hablar del Espíritu Santo. El pobre y viejo Espíritu Santo solo es recordado en Pentecostés. Es VITAL pedir ayuda al Espíritu en nuestra oración.

San Pablo es claro en sus palabras: «Así mismo, en nuestra debilidad el Espíritu acude a ayudarnos. No sabemos qué pedir, pero el Espíritu mismo intercede por nosotros con gemidos que no pueden expresarse con palabras» (Romanos 8,26). Podríamos objetar a Pablo, cuando dice que no sabemos rezar como conviene, que sí sabemos el Padrenuestro, el Avemaría y otras oraciones, pero él añade: orar como deberíamos. Muchas veces no rezamos como deberíamos. Como cuando nuestra oración se centra demasiado en nosotros mismos y el Espíritu Santo nos recuerda que también deberíamos rezar por los demás. El Espíritu nos ayuda a preguntar al Señor qué necesita y cuál es su voluntad para nosotros.

Podemos ver el poder del Espíritu en la vida de oración de san Patricio, patrón de Irlanda. En realidad, nació en Inglaterra, pero fue secuestrado por unos piratas. Fue víctima del tráfico de seres humanos cuando tenía 16 años. En su *Confesión* (cuando decimos «confesión» no nos referimos a su lista de pecados sino, más bien, al testimonio de su experiencia de fe), comparte su creciente vida de oración cuando fue capturado en Irlanda.

«Cuando llegué a Irlanda, cuidaba todos los días de las ovejas, y durante el día rezaba con frecuencia. El amor de Dios crecía y crecía, y así mi asombro ante Dios. La fe creció y mi espíritu avanzaba, por lo que un día podía rezar hasta cien veces, y por las noches quizás lo mismo. Incluso me quedaba en el bosque o en la montaña, y me levantaba para rezar antes de amanecer, nevara, helara o lloviera. Nunca me sentí mal por ello —y nunca tuve pereza— porque ahora me doy cuenta de que el Espíritu estaba dentro de mí en aquel momento» (San Patricio, *Confesión*, n. 16).

En un momento dado, tuvo una visión que él describe de esta forma:

«En otra ocasión, vi alguien en mi interior que estaba rezando. Era como si yo estuviera dentro de mi cuerpo, y escuchara por encima de mí, es decir, por encima de mi yo interior. Él rezaba con fuertes suspiros. Yo estaba sorprendido, impresionado y me preguntaba quién era aquel que rezaba en mí; pero al final de la oración, tuve claro que era el Espíritu. Me desperté y recordé al apóstol diciendo: "El Espíritu ayuda en las debilidades de nuestra oración; porque no sabemos cómo debemos rezar, pero el Espíritu implora por nosotros suspirando en silencio, lo que no puede expresarse con palabras"» (San Patricio, *Confesión*, n. 25).

Pero, ¿cómo nos enseña exactamente el Espíritu a rezar? Estas son dos formas claras:

- La Iglesia nos enseña que las Sagradas Escrituras fueron escritas bajo la inspiración del Espíritu Santo: *No podemos llegar a entender las Escrituras sin el Espíritu Santo que las inspiró,* enseñaba san Jerónimo. El mismo Espíritu Santo que inspiró a los autores de las Escrituras puede también inspirarnos y ayudarnos a entender lo que está escrito.

- Cuando rezamos con un pasaje o versículo de las Sagradas Escrituras, el Espíritu Santo puede inspirarnos y recordarnos otro versículo similar o un versículo que pueda dar una respuesta a nuestra pregunta.

Un ejemplo sería rezar sobre el perdón y encontrar difícil perdonar a una persona. Leyendo Mateo 5,44 se nos aconseja rezar por aquellos que te oprimen. ¡Pero seguimos necesitando que nos convenzan! Por eso el Espíritu Santo nos recuerda en Romanos 12,19-21:

«No os venguéis, hermanos míos, sino dejad el castigo en las manos de Dios, porque está escrito: "Mía es la venganza; yo pagaré", dice el Señor. Antes bien, "Si tu enemigo tiene hambre, dale de comer; si tiene sed, dale de beber. Actuando así, harás que se avergüence de su conducta". No te dejes vencer por el mal; al contrario, vence el mal con el bien».

Una vez le pregunté al Espíritu Santo si yo podía ser aquel que devolvía el mal por el bien antes de darme cuenta de que eso probablemente era lo contrario al propósito.

Querido Espíritu Santo, gracias por tu trabajo en la creación. Gracias por los numerosos dones y gracias que compartes con nosotros cada día. Gracias por tantos frutos. ¡Eres tan generoso! Gracias porque, cuando nos quedamos atrapados, nos das fuerzas para seguir adelante.

¡Ven y renueva no solo la faz de la tierra, sino la mía también!

Dirijamos nuestra oración únicamente al Espíritu Santo

* Escribe las palabras de Romanos 8,26 en tu cuaderno de notas. Reza por el Espíritu Santo.
* Lee sobre los dones (cf. Isaías 11,2-3) o el fruto del Espíritu Santo (cf. Gálatas 5,22-23).

Semana 1: día 4. Poder de concentración

«Cierra la puerta» (Mateo 6,6).

La concentración es un requisito para la oración. Si no nos concentramos, nuestra energía se dispersa. En la oración, nuestro Señor nos invita a entrar en nuestra habitación interior y «cerrar la puerta» (Mateo 6,6). ¿Por qué cerrar la puerta? Para mantener fuera las distracciones o minimizarlas. En sus audiencias generales sobre la oración, el papa Francisco subrayó el desafío de dichas distracciones: «Tú empiezas a rezar y después la mente da vueltas, da vueltas por todo el mundo; tu corazón está ahí, la mente está ahí… la distracción de la oración. La oración convive a menudo con la distracción» (*Audiencia general*, 19 de mayo de 2021).

Una de las principales fuentes de distracción es nuestro amado teléfono móvil. Podemos encontrar muchas razones y excusas para justificar la necesidad de tener cerca nuestro móvil. Por ejemplo, contiene nuestra Biblia, o es donde escribo mis notas. Lo cierto es que sabemos y reconocemos cómo las palabras de otros (mensajes de texto, Facebook, WhatsApp, Messenger, etc.) pueden sustituir fácilmente la Palabra de Dios. Como ya mencionamos en nuestras «Condiciones para la oración», volver a lo básico podría animarnos a invertir en un bloc de notas, un bolígrafo y una Biblia. Usar nuestra Biblia podría resultarnos novedoso, pero aún es más extraño escribir nuestra oración. Eso es diferente, ¿verdad? La lógica que hay detrás es que nos mantiene alertas y concentrados. Nos damos cuenta de que nos resulta más difícil cerrar los ojos si estamos escribiendo. También somos capaces de tomar nota de detalles destacados de la Palabra de Dios cuando los estamos escribiendo. No tiene que ser toda la parábola, pero, quizás, las líneas o frases que más nos impactan. Recuerdo la primera carta de san Juan cuando dice: «Os escribimos estas cosas para que nuestra alegría sea completa» (1Juan 1,4).

Un detalle interesante sobre las distracciones es que no todas las distracciones lo son. Algunas veces, la «distracción» podría ser una llamada para profundizar más. Como Samuel, que pensaba que era Elí quien hablaba, pero era el Señor quien le llamaba. Samuel contestó: «Aquí estoy». Y corrió hacia Elí y le dijo: «Aquí estoy; me has llamado». Pero Elí dijo: «Yo no te he llamado; vuelve a acostarte». Así que él fue y se acostó. Tres veces llamó el Señor a Samuel. Entonces Elí se dio cuenta de que el Señor estaba llamando al niño. Así que le dijo a Samuel: «Ve y acuéstate. Y si te llama de nuevo, di: "Habla, Señor, que tu siervo escucha"». Así que Samuel fue y se acostó en su cama. El Señor vino y permaneció allí, llamándolo como las otras veces: «¡Samuel! ¡Samuel!». Entonces Samuel dijo: «Habla, que tu siervo escucha» (cf. 1Samuel 3,1-10).

Si un pensamiento o una «distracción» regresan repetidamente, podría ser una señal de que necesitamos rezar más profundamente. ¿Qué hay detrás de la «distracción»? ¿Es porque estamos huyendo de un problema concreto o intentando evitarlo? Una posible distracción podría ser un recuerdo doloroso, pero quizás el Señor quiere curar esas heridas en nosotros. Quizás necesitamos buscar justicia o perdonar a una persona. Podemos luchar por identificar el problema más profundamente y tener dificultades para nombrarlo. Si los elevamos a la oración, veremos cómo la oración está funcionando cuando somos capaces de nombrar a estos animales salvajes a los que tenemos que enfrentarnos.

Esta era la tarea dada al hombre del jardín del Edén.

«Entonces el Señor Dios modeló de la tierra todas las bestias del campo y todos los pájaros del cielo, y se los presentó a Adán, para ver qué nombre les ponía. Y cada ser vivo llevaría el nombre que Adán le pusiera» (Génesis 2,19).

¿Qué animales salvajes podríamos entonces encontrar en nuestro interior?

— Miedo o ansiedad.

— Un gran error.

— Un dolor o una herida.

— Autocompasión y victimización.

— Falta de perdón.

— Un pecado.

— Necesidades no cubiertas.

¡Felicidades! La clave está en nombrarlos, reivindicarlos y domesticarlos. Dar un nombre a cada animal salvaje es útil. ¡No entres en pánico si parece que tenemos un zoo dentro! En realidad, es una señal de crecimiento en el autoconocimiento y la humildad.

Cada ejercicio de oración es un ejercicio de poder de concentración

• ¿Has notado alguna distracción en la oración? ¿Cómo puedes superarlas?

- ¿Has detectado algún animal salvaje vagando dentro de ti? Nómbralos y preséntalos al Señor.

Semana 1: día 5. La batalla de la oración

«El Diablo ronda como un león rugiente» (1Pedro 5,8).

La oración no es solo un momento de paz celestial y de estar con ángeles que te cantan una nana celestial. ¡No! A menudo, puede ser más una batalla. El *Catecismo de la Iglesia católica*, n. 2725, habla claramente:

«La oración es un don de la gracia y una respuesta decidida por nuestra parte. Supone siempre un esfuerzo. Los grandes orantes de la Antigua Alianza antes de Cristo, así como la Madre de Dios y los santos con Él nos enseñan que la oración es un combate. ¿Contra quién? Contra nosotros mismos y contra las astucias del Tentador que hace todo lo posible por separar al hombre de la oración, de la unión con su Dios. Se ora como se vive, porque se vive como se ora. El que no quiere actuar habitualmente según el Espíritu de Cristo, tampoco podrá orar habitualmente en su Nombre. El «combate espiritual» de la vida nueva del cristiano es inseparable del combate de la oración».

¿Qué necesitamos para batallar? ¡Contra la pereza, por ejemplo! A menudo empieza la noche anterior, cuando luchamos por no quedarnos demasiado tarde viendo la televisión o el último episodio de alguna serie de *Netflix*.

¿Cuál es la probabilidad de que estemos predispuestos a la oración al día siguiente cuando nuestro sueño era inadecuado la noche anterior? La sequedad es otra batalla. El origen podría estar en no saber cómo rezar o cómo enfrentarnos a una situación desafiante. Cuando intentamos entrar en el silencio de la oración, nos resulta difícil estar calmados porque empezamos a notar cómo se instala en nosotros el miedo y la ansiedad. ¡Tenemos que ejercitar un poco más el combate espiritual! Como Jacob, que tuvo una lucha con un ángel de Dios (cf. Génesis 32,24). Nos damos cuenta de que cuando las cosas van mal, ¡nos alejamos de la oración! ¡Seamos un poco más atléticos! El entrenamiento mejorará nuestra capacidad y resistencia. Como en cualquier deporte, si los resultados de hoy no fueron favorables, mira hacia adelante y prepárate para la próxima batalla al día siguiente. Los malos espíritus son y pueden ser un magnífico oponente. Tenemos que entrenar mucho, trabajar en la oración y con suerte las tácticas y habilidades que aprendemos de estos ejercicios nos darán fuerzas.

Por supuesto que los malos espíritus tienen una misión. No se dedican solamente a encantar casas o poseer a la gente y hacerla levitar, sino más bien a *impedirnos rezar*. Si pueden hacer eso, no es necesario hacer más esfuerzos por tentarnos. Cuando dejamos de rezar, ¡sabemos que nos convertimos también en diablos! Los malos espíritus harán todo lo posible por alejarnos de la oración. Estoy muy seguro de que tienen un montón de trucos en la manga para hacerlo. Vamos a analizar algunos.

1. Demasiado ocupado para rezar

Si este es el caso, entonces es que estamos *demasiado* ocupados. En realidad, si somos honestos, sin la oración nuestro horario diario pasa a ser algo caótico y desorganizado. Piensa en ello. Obviamente, carecemos de la disciplina necesaria para hacer un buen uso de nuestro tiempo. La oración concede *orden*, por lo que sin ella caemos en el *desorden*. Nos encontramos con que no tenemos la energía para hacer las cosas que deberíamos hacer. Podemos empezar a hacerlas, pero acabamos sin energía fácilmente, sin preocupaciones urgentes. Perdemos tiempo y energía en cosas no esenciales. San Pablo lo describía así: «No entiendo lo que me pasa, pues no hago lo que quiero, sino lo que aborrezco» (Romanos 7,15). ¿Qué nos proporciona la oración entonces? La oración nos da la *gracia* que necesitamos para hacer lo que deberíamos y evitar lo que no deberíamos. La gracia viene de Cristo, dice el evangelio según san Juan (cf. Juan 1,17). De una oración vigorosa recibimos «gracia sobre gracia» (Juan 1, 6).

2. Impaciencia

Seguramente, esta es una trampa en la que caemos habitualmente. Queremos algo y lo queremos... ¡ya! Los santos nos advierten a menudo contra esta tentación. Santa Teresa de Ávila señala: «que todo se pasa con brevedad, aunque tu deseo hace lo cierto dudoso, y el tiempo breve, largo. Mira que mientras más peleares, más mostrarás el amor que tienes a tu Dios» (Catecismo de la Iglesia Católica, n. 1821 citando a santa Teresa de Jesús, *Exclamaciones del alma a Dios*, 15, 3).

Hace falta paciencia para rezar bien, paciencia para aprender cómo rezar adecuadamente, paciencia para perseverar en la oración y paciencia con nuestros límites e inconsistencias. Jesús dice: «Dichoso el que no tropieza por causa mía» (Mateo 11,6). No nos escandalicemos tampoco por nosotros mismos, por nuestras subidas y bajadas en la oración; algunas veces estamos dispuestos a escuchar y nos sentimos maravillosamente, hasta ¡dispuestos a ser santos al instante! Y sin embargo, al día siguiente, podemos tener momentos de incertidumbre, no estar seguros de lo que pasa. En un instante, experimentamos de repente la oscura noche del alma y nos sentimos desanimados.

La oración de Santa Teresa de Ávila puede resultarnos de mucha ayuda.

Nada te turbe,
nada te espante,
todo se pasa,
Dios no se muda,
la paciencia todo lo alcanza.
Quien a Dios tiene nada le falta,
solo Dios basta.

Ser conscientes de los desafíos de la oración nos ayuda a hacerles frente mejor

- ¿Me preparé bien para el momento de la oración? Por ejemplo, yendo a descansar las horas suficientes para sentirme bien cuando hablo con Jesús por la mañana.
- ¿Por qué es la oración una batalla para mí?
- ¿Qué mejoras he visto en mi vida de oración?

Semana 1: día 6. Detectando ángeles

«Los ángeles cuidaron de Él» (cf. Marcos 1,13).

Cuando Jesús se adentró en el desierto, se encontró con animales salvajes. Fue un momento de prueba y tentación, pero no solo se encontró con bestias salvajes. El evangelio según san Marcos nos dice: «En seguida el Espíritu lo impulsó a ir al desierto, y allí fue tentado por Satanás durante cuarenta días. Estaba entre las fieras, y los ángeles le servían» (cf. Marcos 1,12-13). ¡Hay animales salvajes, pero también hay ángeles! La palabra «ángel» viene de la palabra griega «mensajero». Así que, en la oración, el Señor nos envía muchos mensajes, mensajes de esperanza, de paz y ánimo, por citar unos pocos.

San Pablo nos da algunos grandes consejos cuando nos molestan los animales salvajes: ¡díselo al Señor! «No os inquietéis por nada; más bien, en toda ocasión, con oración y ruego, presentad vuestras peticiones a Dios y dadle gracias» (Filipenses 4,6).

Deberíamos hacer una lista de todas las cosas que nos molestan y que molestan con ello a Dios. ¿Podemos hacer eso? En la carta de san Pedro se nos aconseja lo siguiente:

«Depositad en él toda ansiedad, porque él cuida de vosotros» (1Pedro 5,7). ¡Qué reconfortante es esto! Por tanto, haz una lista de, digamos, tres cosas o incluso cinco que nos preocupan. Podríamos preguntar: «Espera, ¿pero no sabe Dios ya cuáles son estas cosas?». Por supuesto que lo sabe, pero esta oración no es por el beneficio de Dios sino por el nuestro. Escríbelas y presenta las peticiones a Dios, y dale gracias (como un signo de fe y confianza en Él, que nos escucha). Y, entonces, ¿qué ocurre? Bien, san Pablo lo explica: «Y la paz de Dios, que sobrepasa todo entendimiento, cuidará vuestros corazones y vuestros pensamientos en Cristo Jesús» (Filipenses 4,7).

No es mágico, pero hay magia en la fe de que podemos creer en Dios, que escucha nuestras oraciones y cómo nuestro amado Padre quiere lo mejor para nosotros. Podemos ver que los animales salvajes de nuestras preocupaciones e inquietudes existen, pero el ángel de la paz está ahí con nosotros también. Un fruto de nuestra oración y de compartir todo con el Señor suele ser la paz.

Una gran habilidad que debemos aprender es «detectar ángeles». Algunos se dedican a formarse en detectar desastres y catástrofes, pero necesitamos aprender cómo detectar todos los «ángeles» que Dios nos envía cada día. Esa es la razón por la que rezamos: es un entrenamiento para reconocer las acciones de Dios en medio de la vida diaria y reconocer su mensaje en medio de muchos mensajes conflictivos. Somos tan buenos en la detección de los animales salvajes —todos los errores y problemas— pero no deberíamos perdernos estos «ángeles», los mensajes que el Señor nos envía para darnos fuerzas.

Algunas pistas sobre cómo detectar ángeles: ¡no pierdas mucho tiempo en mirar el cielo! Si no, podrías ser reprendido por las mismas palabras de Hechos 1,10-11 durante la ascensión de nuestro Señor a los cielos: «Ellos se quedaron mirando fijamente al cielo mientras él se alejaba. De repente, se les acercaron dos hombres vestidos de blanco, que les dijeron: "Galileos, ¿qué hacéis aquí mirando al cielo?"». Los mensajes de Dios nos llegan en la vida diaria a través de los acontecimientos y hechos. No siempre nos resulta fácil conectar los puntos. Como los discípulos de Emaús. Ellos tenían toda la información, pero no podían entenderla. Pensaban y esperaban que Jesús «era aquel que redimiría al pueblo de Israel». Nuestro Señor les regañaba amablemente: «Les decía: "Qué necios y torpes sois para creer lo que dijeron los profetas. ¿No era necesario que el Mesías padeciera esto y entrara así en su gloria?"» (cf. Lucas 24,25-35).

Para conectar estos puntos, podemos pedir la ayuda de nuestra Madre, la bendita Virgen María.

Para el ejercicio de hoy, haz una lista de 5 preocupaciones actuales

1.

2.

3.

4.

5.

• Preséntalas al Señor. Saborea la paz que procede de la fe en Él.

• ¿Puedes detectar algún mensaje de Dios en tu vida en este momento? ¿Puedes conectar los puntos?

Semana 1: día 7. Deja que Dios haga el trabajo

«Dios está trabajando en ti» (cf. Filipenses 2,13). Esto puede sonar como una invitación a relajarnos y echarnos a dormir. De alguna forma así es. Podemos llegar a estresarnos incluso cuando intentamos hacer tantas buenas obras espirituales, incluyendo profundizar en nuestra vida de oración. Rebajar un poco el «yo» podría ser de mucha ayuda y de gran necesidad para una verdadera oración. Cuando aprendía italiano, escribí una parte de la historia de mi vocación. Escribí cómo fui llamado, cómo respondí, qué hice, etc. Un anciano sacerdote italiano me escuchaba cuando lo compartía con él. Al final, me dijo: «He escuchado la palabra "Yo" muchas veces». ¿Qué parte de mi vida espiritual depende de mis esfuerzos, mis opciones, mis elecciones y mis hechos? Probablemente me hubiera dado un 9,5 sobre 10. ¿Cuánto está haciendo Dios? ¿Un 1 sobre 10? La respuesta piadosa es que Dios obtiene un 10 sobre 10. Si ese es el caso, ¿por qué nos resulta tan difícil dedicar tiempo a la oración?

La oración es un momento en el que Dios puede de verdad trabajar: «Mi Padre sigue trabajando, y yo también trabajo» (Juan 5,17). Igualmente las palabras de san Pablo a la Iglesia de Éfeso pueden animarnos a seguir rezando: «Al que puede hacer muchísimo más que todo lo que podamos imaginarnos o pedir, por el poder que obra eficazmente en nosotros» (Efesios 3,20). Jaime Bonet decía «Orando estamos en nuestra realización máxima, en el trabajo normal, en la actividad más eficaz» (*Así será tu descendencia*, Tema 5, 9).

Así, se necesita un acto de fe que podría ser algo así: «Señor, creo en la oración que tú puedes hacer funcionar. Por favor, hazte cargo, tú eres el que actúa en y a través de mí». Algunos textos bíblicos nos pueden ayudar a reflexionar.

— «Al que puede hacer muchísimo más que todo lo que podamos imaginarnos o pedir, por el poder que obra eficazmente en nosotros» (Efesios 3,20).

Lo que está en juego aquí es, ¿quién tiene el poder? El poder sobre mi tiempo, en dar tiempo a la oración con Dios.

— «Firmemente convencido de que, quien inició en vosotros la buena obra, la irá consumando hasta el día de Cristo Jesús» (Filipenses 1,6).

Una técnica útil es cuando encontramos un versículo que es interesante y miramos el mismo versículo en una traducción diferente de la Biblia. Sabemos que el texto original del Nuevo Testamento fue escrito en griego, y que pueden variar las diferentes traducciones a otros idiomas en diferentes biblias. Mirar diferentes traducciones puede enriquecer nuestra comprensión del significado, y un matiz determinado de una palabra traducida nos puede dar más luz. El versículo citado anteriormente de Filipenses 1,6 está tomado de la Biblia de Jerusalén. La traducción del *Libro del Pueblo de Dios* del mismo versículo dice: «Estoy firmemente convencido de que aquel que comenzó en ustedes la buena obra la irá completando hasta el día de Cristo Jesús».

Yendo a otra traducción, la *Nueva Versión Internacional*, afirma: «Estoy convencido de esto: el que comenzó tan buena obra en vosotros la irá perfeccionando hasta el día de Cristo Jesús». Este versículo, cualquiera que sea su traducción, nos recuerda que es la obra de Dios, no la nuestra. Puede ser un poco doloroso darse cuenta de esto. ¡Yo podría preferir que fuera mi obra y Él me ayuda cuando se lo digo o se lo ordeno!

La próxima vez que encuentres un pasaje que te hable, encuentra la traducción de tres biblias diferentes y escríbelas en tu cuaderno de notas. Compara las diferentes versiones. ¿Qué te llama la atención en las diferentes traducciones y por qué?

Resulta útil reflexionar sobre el poder de Dios para considerar a quién estamos hablando y quién nos está hablando. Es la Santa Trinidad, Dios Padre, Jesús y el Espíritu Santo. Es beneficioso dirigir nuestra oración a las tres Personas de la divinidad:

Padre, gracias por este nuevo día. Gracias por el regalo de la vida. Ayúdanos a hacer un buen uso de este día. Así nosotros te complaceremos...

Jesús, somos bienaventurados por tenerte como nuestro modelo. Imitemos tu amor por Dios Padre. Seamos obedientes también e intentemos llevar a cabo la voluntad de Dios...

Espíritu Santo, gracias por este maravilloso libro. Gracias por nuestra vista, nuestra capacidad para leer y tus dones del conocimiento y la comprensión. Guíanos hoy, Espíritu Santo, para amar a los demás. Ayúdanos a ayudarte en tu misión de santificar el mundo de hoy y llevar toda la realidad creada hasta su culminación.

Los ejercicios de hoy pueden ser:

- Escribe en tu cuaderno de notas tu oración personal para cada una de las tres Personas de la divinidad: el Padre Celestial..., Amado Jesús..., Espíritu Santo...
- Busca tu versículo favorito de la Biblia en tres traducciones diferentes.

Semana 2:
Estirando los músculos de nuestra fe

Introducción a la semana 2

¡Felicidades! Ahora estamos en la segunda semana. Es hora de elevar un poco la velocidad y ampliar nuestro repertorio de ejercicios. Empezaremos con un interesante tema sobre las diferentes formas de gestionar los bloqueos de la oración. Estos pueden aparecer por una herida profunda o una experiencia difícil de superar para nosotros. Es en estos momentos de prueba cuando podemos necesitar consuelo. No te preocupes, tenemos al Espíritu Santo, ¡el Consolador por excelencia! Él puede consolarnos y afrontaremos esto en el primer día de esta semana.

Empezamos a crecer en nuestra vida de oración cuando nuestra oración es afectiva; cuando podemos expresarle a Dios nuestros sentimientos y aflicciones. La oración puede estar unida a hablar con nuestro mejor amigo o nuestra compañía más cercana. Cada uno de nosotros necesita expresarse libremente, basándonos en nuestro propio estilo personal con facilidad y familiaridad, según nuestro propio idioma y cultura.

La oración implica no solo nuestros sentimientos, sino que debería llevarnos a la acción. La oración afectiva necesita ser equilibrada y estar integrada con la oración efectiva. La oración necesita tocar nuestra vida, pero igual de importante, también necesita ser concreta en la acción.

A menudo nos planteamos esta pregunta: ¿Cuándo sabemos si nuestra vida de oración está creciendo o convirtiéndose en algo más profundo? No queremos quedarnos en la superficie o ser superficiales en la oración. ¡Naturalmente aspiramos a ser más profundos! La pregunta es: ¿Podemos medir la profundidad de la oración? ¿Cómo? Tendremos en cuenta no solo la profundidad de la oración sino sus resultados, la amplitud de la oración y hasta dónde llega.

En el primer capítulo de este libro, tratamos la importancia de pedir a Dios por nuestras necesidades como un elemento esencial de la oración. Esta semana descubriremos que las tornas han cambiado: Dios es quien nos pide a nosotros. ¿Es todo eso posible? ¿Qué podría querer y necesitar Dios pedirnos? ¿Cómo podemos saber exactamente qué nos está pidiendo? Suena impensable, pero es un hecho. Dios efectivamente nos pide y necesita nuestra respuesta. La razón no consiste simplemente en recibir de Dios, sino en devolverle también. Consiste en aprender a escuchar los deseos y necesidades de Dios y darle nuestra respuesta.

Mientras viajamos por estos ejercicios no estamos solos. Muchas mujeres y hombres santos han pasado por lo que experimentamos y, probablemente, en mayor grado. Ellos son los santos. Cuando tenemos problemas o estamos en lucha en la oración, ¿qué podemos hacer? ¿Por qué no llamamos a un amigo? Los santos, a través de su comunión con Jesús, pueden ayudarnos en momentos desafiantes ya que generosamente comparten con nosotros las gracias que tantos necesitamos.

Al final de nuestra segunda semana tendremos que comprobar si estamos progresando. ¿Cómo podemos saberlo?

¿Cómo sabemos si todos nuestros esfuerzos nos ayudan a crecer en la oración? Dedicaremos un tiempo a examinar los frutos. El examen de la oración es una parte integral y esencial de nuestra vida de oración. Consideraremos cómo examinar y reunir los frutos de nuestras obras, así como dar gracias a Dios por todas sus buenas obras en nosotros.

SEMANA 2: ESTIRANDO LOS MÚSCULOS DE NUESTRA FE

Día 1	Ser consolado
Día 2	Oración afectiva
Día 3	Una oración efectiva
Día 4	Oración «profunda»
Día 5	Dios nos pide
Día 6	Llama a un amigo
Día 7	Examinando los frutos

SEMANA 2: DÍA 1. SER CONSOLADO

«El Espíritu está contigo, él está en ti» (cf. Juan 14,17).

Cuando hemos pasado por un momento difícil, podemos sentir que una profunda herida nos ha dejado una cicatriz. No es fácil pensar en ello, y la herida aún puede estar blanda. Necesitamos cierto consuelo, como un bálsamo calmante. ¿Cómo experimentamos el consuelo? Este es un ejercicio ligeramente avanzado, tal y como requiere la fe. Nos exige creer en las palabras que Dios nos dice. No es solo sobre los sentimientos, sino más bien un ejercicio de fe.

Por tanto, al recordar una experiencia, hay una cosa que es cierta: si somos capaces de mirar atrás, eso significa que lo hemos superado. Hemos salido vivos de ello, más o menos de una pieza. Es cierto que el escozor continúa; puede que no sea fácil mirar atrás, pero el mero hecho de que haya pasado significa que hemos sobrevivido. Si la situación era tan difícil como hemos contado, está claro que hemos sobrevivido no solo por nuestra fuerza limitada.

El salmo 124 lo explica: «si el Señor no hubiera estado de nuestra parte cuando todo el mundo se levantó contra nosotros, nos habrían tragado vivos» (Salmo 124,2-3). ¡Es cierto!

«Cuando cruces las aguas, yo estaré contigo; cuando cruces los ríos, no te cubrirán sus aguas; cuando camines por el fuego, no te quemarás ni te abrasarán las llamas» (Isaías 43, 2). Recuerdo un hombre que tenía un problema con las drogas. En mitad de su adicción, yo estaba intentando consolarle. Dejé que se confrontara a sí mismo en nuestra capilla con aquellas palabras de Isaías 43. Estuvo bastante tiempo en la capilla y, cuando terminó, tenía un nuevo espíritu. Se sintió consolado por Dios y se dio cuenta de que no le había abandonado. Ahora tenía el coraje para intentar de nuevo abandonar su adicción. Finalmente, salió adelante con la gracia de Dios. El hombre está ahora felizmente casado con dos hijos, dejando atrás esa vida anterior.

Y ¿qué hay de nosotros en nuestros retos y luchas diarios? ¿Cómo experimentamos el consuelo? Jesús explica que tenemos un Consolador y es el Espíritu Santo: «Yo le pediré al Padre que os dé otro Paráclito, que esté siempre con vosotros». Jesús explica entonces exactamente cómo nos consuela el Espíritu: «Vosotros, en cambio, lo conocéis, porque mora con vosotros, y está en vosotros» (cf. Juan 14,16-17). ¿Cómo nos consuela el Espíritu? Hay dos formas principales:

— Él está con nosotros

Es cierto que cuando tenemos a alguien con nosotros nos sirve de ayuda cuando llegan las dificultades. Es como si no tuviéramos que enfrentarnos solos a la situación. El hecho de que ellos estén con nosotros significa que podemos compartir con ellos cómo estamos, nuestros pensamientos, sentimientos y emociones. Después, cuando recordamos el episodio, es difícil para aquellos que no estaban presentes captar por lo que pasamos y cómo nos sentimos. ¿Por qué? Porque no estaban ahí pero el que estaba con nosotros sí puede comprender.

— Él está en nosotros

Ahora, aunque una persona estuviera físicamente con nosotros durante una prueba o lucha, puede que él o ella no siempre nos entiendan. Él o ella pueden no haber tenido la misma experiencia o pueden haber visto las cosas desde un ángulo diferente. Sin embargo, el Espíritu Santo es en verdad el único que entiende todo porque no solo estaba él con nosotros, estaba en nosotros. ¡Esta es una verdad extraordinaria de nuestra fe! Significa que no hay experiencia que hayamos vivido, sea buena o mala, en la que el Espíritu Santo no viviera con nosotros. Podemos comprobarlo nosotros mismos. Pensemos en cualquier experiencia de nuestra vida. Cuéntasela al Espíritu Santo. El Espíritu Santo incluso nos recordará cosas que habíamos olvidado sobre esa experiencia. ¡Solo alguien que estaba con nosotros y en nosotros puede hacer eso!

Descubriendo la presencia del Consolador

- ¿Puedes recordar un tiempo de sufrimiento o lucha? Lee Juan 14,16-17. Habla con el Espíritu Santo, el Consolador.
- ¿Puedes reconocer que el Espíritu estaba contigo y en ti durante ese tiempo?

Semana 2: día 2. Oración afectiva

«Te amo, Señor, mi fuerza» (Salmo 18,1).

Hay que tener cuidado cuando la oración consiste siempre y únicamente en ir al grano. Hablaremos más de lo que podemos llamar «oración efectiva» mañana. Quizás nuestra oración no es ni estrictamente afectiva ni solo efectiva. Es en cierto modo una mezcla, pero una oración afectiva también puede ser muy efectiva. Por ahora, es suficiente señalar que no florecen muchos romances si cuando nos encontramos con el amado la única conversación siempre es y solo se trata de ir al grano.

Una oración afectiva surge del corazón. Cada uno necesita encontrar su propio camino para expresarse con Dios, según su cultura e idioma. En Escocia, un término de afecto de un marido hacia su mujer es «hen» (gallina). Si lo traduces a otros idiomas, una esposa podría sentirse un tanto sorprendida por el hecho de que la llame «gallina». Un diálogo personal e íntimo en un idioma como el español puede sonar poco cercano en inglés y viceversa. Esta es la razón por la que cada uno de nosotros necesitamos encontrar una forma cercana y familiar de expresarnos con Dios según nuestra experiencia, cultura e idioma.

Los textos bíblicos pueden ayudarnos a encontrar las palabras adecuadas. Hay muchos pasajes que hablan del amor, la pertenencia, el deseo, la soledad, el anhelo, la afectividad, la gratitud, la esperanza, el agradecimiento y mucho más. Hay muchas expresiones de emociones y sentimientos en la Biblia de las que podemos aprender y poner en práctica. Veamos algunos ejemplos:

— *Afectividad.* «Muéstrame tu rostro, déjame oír tu voz; porque tu voz es dulce, y tu rostro es bonito» (Cantar de los Cantares 2,14).

— *Agradecimiento.* «Alaba, alma mía, al Señor; alabe todo mi ser su santo nombre. Alaba, alma mía, al Señor, y no olvides ninguno de sus beneficios» (Salmo 103,1-2).

— *Cercanía.* «Grábame como un sello sobre tu corazón; llévame como una marca sobre tu brazo» (Cantar de Cantares 8,6).

— *Amor.* «Aunque cambien de lugar las montañas y se tambaleen las colinas, no cambiará mi fiel amor por ti» (Isaías 54,10).

— *Pertenencia.* «Anhelo con el alma los atrios del Señor; casi agonizo por estar en ellos. Con el corazón, con todo el cuerpo, canto alegre al Dios de la vida» (Salmo 84,2).

Asimismo podemos echar un vistazo a la oración de santa Teresa del Niño Jesús. Señalamos la cercanía con Dios, la simplicidad y la naturaleza íntima del discurso.

«"Atráeme, y correremos tras el olor de tus perfumes". ¡Oh, Jesús!, ni siquiera es, pues, necesario decir: Al atraerme a mí, atrae también a las almas que amo. Esta simple palabra, "Atráeme", basta. Lo entiendo, Señor. Cuando un alma se ha dejado fascinar por el perfume embriagador de tus perfumes, ya no puede correr sola, todas las almas que ama se ven arrastradas tras de ella. Y eso se hace sin tensiones, sin esfuerzos, como una consecuencia natural de su propia atracción hacia ti. Como un torrente que se lanza impetuosamente hacia el océano arrastrando tras de sí todo lo que encuentra a su paso, así, Jesús mío, el alma que se hunde en el océano sin riberas de tu amor atrae tras de sí todos los tesoros que posee... Señor, tú sabes que yo no tengo más tesoros que las almas que tú has querido unir a la mía» (*Historia de un alma*).

Vamos a practicar este día un diálogo afectivo, expresando nuestro corazón al Padre, a Jesús, al Espíritu Santo y a la Virgen María.

¡Es el momento de ser afectivos!

- En tu oración, exprésate al Padre, a Jesús y al Espíritu Santo de una forma afectiva.
- Da gracias a nuestra Madre de una forma afectiva por ayudarte en tu oración.

SEMANA 2: DÍA 3. Y UNA ORACIÓN EFECTIVA

«Hacedores de la Palabra» (cf. Santiago 1,22). Merece la pena destacar de nuevo que una oración afectiva puede ser también muy efectiva. Evitar los extremos sería una oración afectiva que nunca se convierte en algo concreto o real. Podría ser algo similar a escuchar la Palabra de Dios pero sin ponerla en práctica.

Jaime Bonet lo explica:

«Escucha la Palabra, pero no te quedes con escucharla tan solo, pues, además, te dice la Escritura que el que escucha la Palabra no gana nada, sino que pierde si no la pone en práctica. Si uno no practica aquello, mejor que no lo lea, mejor que no lo escuche. ¡Claro! Porque escuchar para saber lo que dice Dios y no hacerlo crea agentes de iniquidad» (*Familiares de Dios, Ejercicios Espirituales para Matrimonios*, agosto 1999, p. 506).

La epístola de Santiago habla de este tipo de oración:

«Poned en práctica la palabra, y no os contentéis con oírla, engañándoos a vosotros mismos. Porque quien oye la palabra y no la pone en práctica, ese se parece al hombre que se miraba la cara en un espejo y, apenas se miraba, daba media vuelta y se olvidaba de cómo erar. Pero el que se concentra en una ley perfecta, la de la libertad, y permanece en ella, no como oyente olvidadizo, sino poniéndola en práctica, ese será dichoso al practicarla» (Santiago 1,22-25).

El extremo opuesto es una «oración mental» que es fría y no toca el corazón. Probablemente nunca rezamos estrictamente en solo uno de estos modos, pero a veces podemos encontrarnos yéndonos a los extremos. Un ejemplo es una oración de petición cuando preguntamos y nombramos todas las cosas que tenemos que hacer (efectiva) pero olvidamos expresar nuestro amor por el Señor (afectiva). ¿Dónde nos situamos en este espectro? ¿Hay una tendencia a ser efectivos, concretos y prácticos? Entonces quizás deberíamos practicar expresando nuestro amor un poco más a Jesús. De forma alternativa, si es muy afectiva, muy melosa, pero sin ningún reto real en nuestra vida, entonces quizás podemos practicar intentando ser más concretos y reales en nuestra oración.

Es decir, aunque tengamos una oración muy afectiva y cariñosa con el Señor, a menudo necesitamos seguir perseverando hasta ver los frutos. A veces, esta perseverancia es difícil; así lo cita el papa Francisco en una de sus audiencias generales sobre la lucha en la oración:

«Ninguno de los grandes orantes que encontramos en la Biblia y en la historia de la Iglesia ha tenido una oración "cómoda". Sí, se puede rezar como los loros —bla, bla, bla, bla, bla— pero esto no es oración. La oración ciertamente dona una gran paz, pero a través de un combate interior, a veces duro» (12 de mayo de 2021).

A continuación, el Papa relató un episodio muy interesante del combate de la oración en la vida de san Antonio abad, el fundador del monacato cristiano, el cual experimentó una fuerte crisis en torno a los treinta y cinco años:

«Antonio fue turbado por esa prueba, pero resistió. Cuando finalmente volvió a la serenidad, se dirigió a su Señor con un tono casi de reproche: "¿Dónde estabas? ¿Por qué no viniste enseguida a poner fin a mis sufrimientos?". Y Jesús respondió: "Antonio, yo estaba allí. Pero esperaba verte combatir".

Combatir en la oración. Y muchas veces la oración es un combate… Pero siempre es necesario el combate en la oración para pedir la gracia. Sí, a veces nosotros pedimos una gracia que necesitamos, pero la pedimos así, sin ganas, sin combatir, pero no se piden así las cosas serias. La oración es un combate y el Señor siempre está con nosotros».

Para que la oración sea eficaz, y ver al menos algunos frutos iniciales, necesitamos perseverancia. Una vez más, ¡hay que subrayar la importancia de la paciencia! Como señala el papa Francisco sobre esta:

«Estamos acostumbrados a quererlo todo y de inmediato, en un mundo donde la prisa se ha convertido en una constante… La paciencia ha sido relegada por la prisa, ocasionando un daño grave a las personas. De hecho, ocupan su lugar la intolerancia, el nerviosismo y a veces la violencia gratuita, que provocan insatisfacción y cerrazón. Asimismo, en la era del *internet*, donde el espacio y el tiempo son suplantados por el "aquí y ahora", la paciencia resulta extraña» (*Spes non confundit*, Bula de convocación del Jubileo Ordinario del año 2025).

Si somos impacientes, puede que no esperemos a que nuestra oración se haga efectiva. Es como desenterrar la semilla antes de tiempo porque aún no vemos ningún fruto, o abrir la puerta del horno demasiado pronto y estropear el pan antes de que haya tenido tiempo de hornearse. Necesitamos paciencia para ver la obra de Dios. Necesitamos paciencia para hacer la voluntad de Dios. La oración debería llevarnos a hacer su Voluntad. Este es el objetivo último de toda oración, tanto afectiva como efectiva.

Espíritu Santo, ¡ayúdanos a hacer nuestra oración afectiva y efectiva!

Hagamos que nuestra oración ocurra

- ¿Qué te está pidiendo el Señor que pongas en práctica?
- ¿Me lleva mi oración a hacer la voluntad de Dios?

Semana 2: día 4. Oración «profunda»

«Lo profundo llama a lo profundo» (cf. Salmo 42,7).

Recuerdo una vez que impartí un retiro espiritual de ocho días a un grupo de jóvenes hermanas novicias. Pude ver cómo rezaban fervientemente y se tomaban muy en serio estar en silencio. Lo que me parecía interesante era cuando compartían su oración. El sentimiento común o comentario era «mi oración no es tan profunda» o «mis visiones son muy simples». Por el contrario, yo encontraba verdadera profundidad en lo que compartían. Reflexioné sobre esto y descubrí que, aunque nos gustaría ser profundos, es difícil medirlo. ¿Cuán profundo eres, en metros? Recé al Espíritu Santo para que me iluminara qué significa la oración profunda y profundidad en la oración. Podemos decir que no somos tan profundos y sin embargo somos profundos, o mucho peor, decir que somos profundos, pero de hecho, ¡seguimos siendo muy superficiales en la oración!

Recuerdo una charla dada por el padre Adolfo Nicolás, ex superior general de la orden de los jesuitas, que habló en Manila sobre las nuevas fronteras de la educación. Trató dos aspectos: profundidad y amplitud. No se trata solo de profundizar más sino de ir más allá. Quizás podemos pensar que nuestra oración es «profunda», pero no llega muy lejos. También debería llegar lejos y a muchos. ¡No solo debería estar enfocada en mí mismo! Deberíamos estar rezando por los demás también y por el mundo de hoy. ¿Hasta dónde llega mi oración? No puedo intentar ser una persona profunda si mi oración solo me llega a mí. La profundidad y la longitud no pueden separarse y san Pablo alude a estas diferentes dimensiones del amor de Cristo, en su caso a la Iglesia de los Efesios:

> «Y pido que, arraigados y cimentados en amor, podáis comprender, junto con todos los santos, cuán ancho y largo, alto y profundo es el amor de Cristo; en fin, que conozcáis ese amor que sobrepasa nuestro conocimiento, para que seáis llenos de la plenitud de Dios» (Efesios 3,17-19).

Otro parámetro de profundidad podría ser el tiempo. Es difícil alcanzar las profundidades del océano si solo buceamos durante dos minutos. Si buceamos un poco y volvemos a subir a la superficie cada pocos minutos, será difícil lograr ningún progreso para llegar a lo más profundo. La longitud del tiempo invertido en rezar es también una medida útil de la profundidad.

Jesús alude a la oración superficial, la que carece de profundidad, en la parábola del sembrador: «Otra parte cayó en terreno pedregoso, sin mucha tierra. Esa semilla brotó pronto porque la tierra no era profunda; pero, cuando salió el sol, las plantas se marchitaron y, por no tener raíz, se secaron» (Mateo 13,5-6). Jesús explicó después el significado a sus discípulos: «El que recibió la semilla que cayó en terreno pedregoso es el que oye la palabra e inmediatamente la recibe con alegría; pero, como no tiene raíz, dura poco tiempo. Cuando surgen problemas o persecución a causa de la palabra, en seguida se aparta de ella» (Mateo 13,20-21).

La profundidad en la oración también puede lograrse mediante la perseverancia. Cuando chocamos con un terreno seco y no podemos cavar más profundamente, o incluso un terreno pedregoso, no hay que parar. Cuando los ingenieros de minas cavan pozos nos dicen que cuando encontramos agua por primera vez no hay que parar. Hay que continuar y seguramente nos encontraremos con una capa rocosa, pero necesitamos atravesarla porque la fuente principal de agua está aún más abajo.

Practiquemos la profundidad y llegar más allá en nuestra oración hoy

- Reza por una persona no muy cercana a ti, alguien «distante» o reza por la realidad del cuerpo de Cristo. Reza por una realidad herida como el tráfico de seres humanos o la migración en el mundo de hoy.
- Quizás puedas volver a un área donde necesitas llegar más profundo. ¡Inténtalo de nuevo y no te rindas!
- Invierte un poco más de tiempo en la oración e intenta concentrarte más. Intenta no salir a la superficie en busca de aire y permanece en la profundidad de tu silencio. Añade cinco minutos más a tu tiempo habitual de oración. ¡Continúa! ¡Puedes hacerlo!

Semana 2: día 5. Dios nos pide

«Dame un poco de agua» (Juan 4,7).

Hoy vamos a cambiar de velocidad, aumentaremos el nivel, para así hablar e introducir un nuevo ejercicio. ¿Estás preparado? Vamos a reflexionar sobre la necesidad de Dios. Este tema es un poco desafiante especialmente si estamos acostumbrados a dirigirnos a Dios con nuestra lista de la compra de necesidades, una lista de deseos. Es un cambio del «dame, dame, dame…» al «Señor, aquí estoy. ¿Cómo puedo ayudar?». Nuestra resistencia a este tipo de oración puede venir de la idea de un Dios todopoderoso (omnipotente) y que todo lo ve (omnisciente) y que no tiene necesidades en absoluto. En cierto modo esto es válido y cierto, pero, cuando miramos al Dios revelado en Jesús de Nazaret, esto nos saca de nuestra comodidad.

Cuando Jesús se encontró con la mujer samaritana, la sorprendió al decirle: «Dame un poco de agua». Jesús estaba sediento y cansado de su viaje y se sentó en el pozo (cf. Juan 4,4ss). Es una imagen cautivadora de un Dios con una necesidad y que pide nuestra respuesta. Jesús estaba sediento, deseaba la fe de ella. En un momento crucial de su vida en la cruz, Jesús declara: «Tengo sed» (Juan 19,28). En la oración, tenemos que escuchar bien.

¿Qué me está pidiendo Dios? «Tuve sed, y me diste de beber» (Mateo 25,35).

Puede ponernos un poco nerviosos lo que Dios pueda pedirnos pero podemos estar tranquilos. Imagina que tú fueras la mujer samaritana. Tú estás en el pozo. Hace calor, porque es mediodía. Un hombre se sienta cerca, parece cansado y sediento. El pozo está a tu lado y tienes un cubo en la mano. Probablemente le des de beber aunque no te lo pida. Durante una oración, Jaime Bonet expresó esta realidad de un Dios que está necesitado. Él se aparece entre nosotros y expresa sus necesidades.

«Es algo tan inefable, inaudito, que lo veo de locura, me parece una barbaridad. ¡Como si me diera un vuelco el corazón y mi mente! La misma oración que te dirige Carlos de Foucauld: "Padre, me pongo en tus manos, haz de mí lo que quieras, sea lo que sea...", la siento como invertida. Eres Tú, Padre, quien te me das, te me confías, te pones en mis manos, en Jesús y en muchos de sus miembros. Y yo, con gran asombro, como consternado, escucho tu diálogo, hecho ternura de amor, locura de amor diciéndome: Jaime, me pongo en tus manos.

Perdona, Papá, pero así es como lo veo. Tú me dices: "Haz de Mí lo que quieras, sea lo que sea te doy las gracias. Me confío a ti con todo el Amor de que soy capaz —¡oh, capacidad infinita!— porque tú eres mi hijo y necesito darme, ponerme en tus manos, con una confianza infinita, porque tú eres mi amigo, mi apóstol y misionero"» (*A Solas*, Tema 10).

Este es un paso hacia adelante en la madurez de nuestra oración. Venimos no solo a recibir sino que estamos preparados para escuchar a Dios. Escuchamos cómo podemos responder mejor a sus necesidades en el mundo de hoy, especialmente para los muchos miembros necesitados del cuerpo de Cristo. En palabras de Jaime Bonet: «Pero si uno ora, ¿es posible que no oiga a Cristo que le dice: "¡Ayúdame; está en tus manos mi destino, sálvame por tu amor!"?» (*Así será tu descendencia*, Tema 80, 13).

Gracias, Padre, por tu gran confianza en nosotros. Gracias por poner tu vida en nuestras manos a través de los sacramentos, especialmente en cada Eucaristía.

Sé abierto para permitir a Dios pedirte algo

- En la oración, y con fe, pregunta al Señor sinceramente: ¿Dónde estás sediento? ¿Cómo puedo saciar tu sed?
- ¿Cómo puedes responder a las necesidades de Cristo en tus hermanos y hermanas alrededor de ti?

SEMANA 2: DÍA 6. LLAMA A UN AMIGO

«Por tanto, estamos rodeados de una multitud tan grande de testigos» (Hebreos 12,1).

Había un concurso muy famoso en el que el concursante podía llamar a un amigo cuando se quedaba bloqueado con una pregunta. Obviamente, en ese escenario, se elige cuidadosamente a quién llamar. Debe ser una persona que tenga conocimiento y experiencia en este ámbito para que haya más probabilidades de obtener la respuesta correcta.

Cuando nos bloqueamos en la oración, no estamos solos.

¡Nosotros también podemos llamar a un amigo! No quiero decir que si la oración se pone aburrida entonces llamemos a un amigo para charlar. Lo que quiero decir es: llama a una persona que pueda ayudarte. Me refiero a los santos. Ellos son nuestros amigos y conocen la oración. Conocen sus desafíos y podemos pedirles su intercesión. Esta es la sólida enseñanza del concilio Vaticano II.

«Por el hecho de que los del cielo están más íntimamente unidos con Cristo, consolidan más firmemente a toda la Iglesia en la santidad... No dejan de interceder por nosotros ante el Padre. Presentan por medio del único mediador entre Dios y los hombres, Cristo Jesús, los méritos que adquirieron en la tierra... Su solicitud fraterna ayuda, pues, mucho a nuestra debilidad» (*Catecismo de la Iglesia católica*, n. 956, citando a *Lumen gentium*, n. 49).

Esta es la razón por la que santo Domingo, en su lecho de muerte, decía: «No lloréis, os seré más útil después de mi muerte y os ayudaré más eficazmente que durante mi vida». Mucha gente es ayudada por los grandes hombres y mujeres de la oración: santos como Teresa de Ávila, Teresa de Lisieux, la Madre Teresa, Juan de la Cruz y otros. ¿A qué santo llamarías para que te ayude a rezar? Podría depender de la situación en la que estamos y la ayuda que necesitamos.

San José es un poderoso intercesor. Era un hombre de oración, un hombre «justo» guiado por la Palabra de Dios. El papa emérito Benedicto XVI escribió que una cualidad esencial de la figura de san José era: «Su finura para percibir lo divino y su capacidad de discernimiento. Solo a una persona íntimamente atenta a lo divino, dotada de una peculiar sensibilidad por Dios y sus senderos, le puede llegar el mensaje de Dios de esta manera» (Joseph Ratzinger, Benedicto XVI. *La infancia de Jesus*, 4ª ed. 2012, p. 47). En su autobiografía (capítulo 6, 6-8), santa Teresa de Ávila nos da una recomendación brillante sobre san José, que aun siendo larga, es muy bonita de leer:

> «Tomé por abogado y señor al glorioso San José y encomendéme mucho a él... No me acuerdo hasta ahora haberle suplicado cosa que la haya dejado de hacer. Es cosa que espanta las grandes mercedes que me ha hecho Dios por medio de este bienaventurado Santo... Esto han visto unas otras personas, a quien yo decía se encomendasen a él, también por experiencia; y aun hay muchas que le son devotas de nuevo, experimentando esta verdad... Querría

yo persuadir a todos fuesen devotos de este glorioso Santo, por la gran experiencia que tengo de los bienes que alcanza de Dios. No he conocido persona que de veras le sea devota y haga particulares servicios, que no la vea más aprovechada en la virtud; porque aprovecha en gran manera a las almas que a él se encomiendan. Paréceme ha algunos años que cada año en su día le pido una cosa, y siempre la veo cumplida. Si va algo torcida la petición, él la endereza para más bien mío… Solo pido por amor de Dios que lo pruebe quien no me creyere, y verá por experiencia el gran bien que es encomendarse a este glorioso Patriarca y tenerle devoción».

Cuando nos enfrentamos a una situación moral o necesitamos tomar una decisión en la oración, nos encomendamos a san Alfonso María de Ligorio, el santo patrón de la teología moral en la Iglesia católica. También era un hombre de oración y su misión implicaba enseñar a otros a rezar. Insiste en que la oración es necesaria como medio de salvación; de otra forma no podemos salvarnos.

San Alfonso escribía:

«Pide y recibirás, el que no pide no recibirá… Mi querida patrona santa Teresa también dice que para obtener la gracia de Dios la única puerta es la oración mental. "Si esta puerta está cerrada, no sé cómo la gracia llegará al alma". Si la santa no lo sabe, yo declaro que sé mucho menos cómo un sacerdote sin oración mental recibirá todas las gracias necesarias para salvar su alma» (traducido de *Dignity and Duties of the Priest*, o *Selva*, Elias Frederick Schauer, New York 1888, p. 456).

Así, la próxima vez que tengamos dificultad con la oración, dejemos de dar vueltas y coge el teléfono inmediatamente. ¡Llama a un amigo!

Es hora de tener alguna ayuda de los santos para rezar mejor

- ¿Qué ayuda necesitas en tu oración? ¿A qué santo vas a pedirle ayuda?
- Lee un poco más sobre la vida y enseñanzas de tu santo favorito.

SEMANA 2: DÍA 7. EXAMINANDO LOS FRUTOS

«Un árbol es conocido por su fruto» (Lucas 6,44).

Mientras seguimos rezando, supongo que desearíamos saber si nuestra oración está funcionando y si es fructífera.

¿Cómo evaluamos nuestra oración? Queremos conseguir que nuestros esfuerzos sean lo más productivos posible. Sabiendo que la oración también es un arte, deseamos mejorar como orantes. Una forma de medir el progreso y maximizar nuestros esfuerzos es examinar nuestra oración. Cuando decimos examinar no es que vayamos a dar una puntuación de cero a cien. No juzgues solo basándote en los sentimientos. No confundas tener una lucha con una «mala oración» y sentirse alto como una cometa con una «buena oración».

Jesús nos enseñó que «cada árbol se reconoce por su propio fruto. La gente no coge higos de arbustos con espinas, ni uvas de rosas salvajes. Un buen hombre trae cosas buenas del almacén de cosas buenas que tiene en su corazón, y un hombre malo trae cosas malas del almacén de cosas malas en su corazón. Porque la boca habla de lo que está el corazón lleno» (Lucas 6,44-45). Los frutos pueden examinarse, recogerse y cosecharse en varios momentos. Los frutos que primero se reciben hacia el final de nuestra oración pueden ser ponderados más tarde. Si solo tenemos treinta minutos de oración, dediquemos los últimos cinco minutos a examinar los frutos de la oración. Si tenemos más tiempo para orar, entonces podemos asignar más tiempo al examen. La cuestión es reunir los frutos recibidos durante el tiempo de la oración.

Otra imagen bíblica que puede iluminar el ejercicio de examinar nuestra oración es la llamada de Jesús después de la multiplicación de los panes. Jesús les dice a sus discípulos que «reúnan los fragmentos» tras alimentar a los cinco mil. El evangelio según san Juan afirma: «Una vez quedaron satisfechos, dijo a sus discípulos: "Recoged los pedazos que han sobrado, para que no se desperdicie nada"» (Juan 6,12). Nos recuerda a la Eucaristía. Tras la distribución de la santa comunión, el sacerdote purifica la patena y el cáliz para asegurar que no se desperdicia ningún fragmento eucarístico. Debe poner mucho cuidado al hacer esto porque cada fragmento, por pequeño que sea, es el cuerpo de Cristo.

San Jerónimo extrae una analogía entre los fragmentos eucarísticos y los fragmentos de la Palabra de Dios:

«Nosotros leemos las Sagradas Escrituras. Yo pienso que el Evangelio es el Cuerpo de Cristo; yo pienso que las Sagradas Escrituras son su enseñanza. Y cuando él dice: "Quien no come mi carne y bebe mi sangre" (Juan 6,53), aunque estas palabras puedan entenderse como referidas también al Misterio [eucarístico], sin embargo, el cuerpo de Cristo y su sangre es realmente la palabra de la Escritura, es la enseñanza de Dios. Cuando acudimos al Misterio [eucarístico], si cae una partícula, nos sentimos perdidos. Y cuando estamos escuchando la Palabra de Dios, y se nos vierte en el oído la Palabra de Dios y la carne y la sangre de Cristo, mientras que nosotros estamos pensando en otra cosa,

¿cuántos graves peligros corremos?» (citado en *Verbum Domini*, n. 56).

Si mi oración es solo para mí, entonces quizás tendré que tirar la comida sobrante que no puedo consumir. Pero si soy consciente de mi misión de alimentar a los demás, entonces prestaré atención a la exhortación de Cristo: «No dejes que nada se desperdicie». El examen de la oración es la mejor forma de hacer efectivas las palabras de Cristo.

¿Cómo examinamos nuestra oración? ¿Cómo recogemos los frutos y reunimos los fragmentos?

Existen varias propuestas que también dependerán del contexto de nuestra oración. El tiempo de la oración diaria en casa puede ser relativamente breve comparado con el tiempo más largo de oración en un retiro, por lo que el tiempo invertido en el examen puede variar. Una guía aproximada serían unos pocos minutos después de un periodo de oración de 30 minutos.

Algunas características comunes del examen de una oración son:

— Dar gracias a Dios por el tiempo de oración.

— Repasar la lectura de tu oración de nuevo.

— Subrayar las principales luces recibidas.

— Señalar cualquier dificultad, lucha o distracciones experimentadas para que pueda haber puntos de aprendizaje en el futuro.

— Estar especialmente atento a cómo te habló Dios a través de la Palabra de Dios.

— Pensar cómo vas a vivir la llamada de Dios.

— Decidir pasos o acciones concretas que necesitas llevar a cabo para completar tu oración.

Este último punto nos recuerda que la oración no está «acabada» cuando terminamos de rezar. Estamos llamados a la acción para hacer la Palabra carne, para vivirla, para compartirla.

Recojamos los frutos

Algunos ejercicios adicionales quizás más «avanzados» para examinar nuestra oración incluirían revisar las oraciones durante unos días o durante toda una semana e intentar unir los puntos.

- ¿Cómo ha sido mi oración durante esta última semana?
- ¿Cuál fue el principal mensaje del Señor para mí?
- ¿Qué Palabra de Dios me ha ayudado más?
- ¿Qué dificultades tuve y cómo las superé?
- ¿Cómo he podido compartir las luces y los frutos que he recibido?

Semana 3:
Rezar la Palabra de Dios con María

Introducción a la semana 3

Esta semana vamos a centrarnos en cómo aprender a rezar con un pasaje concreto de la Palabra de Dios. Nos centraremos en el pasaje de la Anunciación y realizaremos varios ejercicios de oración basados en este pasaje (Lucas 1,26-38). También pediremos a María, modelo de oración, que nos ayude. Ella fue «la primera alumna, primera oyente de la Palabra» (J. Bonet, *Así será tu descendencia*, Tema 98, 15). Nuestra Madre es la mejor profesora y entrenadora. Cuando hacemos ejercicio, necesitamos un buen entrenador. Necesitamos alguien con experiencia que nos desafíe. ¡María es la mejor entrenadora! ¡Ella nos empujará, pero ni fuerte ni muy suavemente!

Los versículos de apertura de la Anunciación nos recuerdan la importancia del contexto específico de nuestra oración. Dios nos habla como seres históricos y en nuestra situación concreta. Esto ayuda a nuestra oración a estar con los pies en el suelo, aunque los ángeles nos hablen. María puede enseñarnos a mirar hacia el cielo mientras mantenemos los pies en la tierra. Su apertura, incluso cuando era una niña, no es solo admirable sino inimitable. Ella estaba abierta al plan de Dios y por tanto abierta a sufrir por la gran causa de la gloria de Dios. Ella estaba abierta porque confiaba en Dios. Es fácil decir «Confiamos en Dios», como anuncian los billetes de dólares estadounidenses, pero la verdadera confianza viene de la experiencia de amor del otro. María tenía esa experiencia del amor de Dios y por eso pudo confiar en Él con todo su corazón.

Ella cuidó de ese amor y la imagen de su vida interior se resume a través de ese jardín interior, un precioso jardín lleno de frutos y flores (cf. Cantar de los Cantares 4,12). Necesitamos la ayuda de María, nuestra Madre, para liberarnos de las malas hierbas y los matorrales en nuestra a veces confusa vida interior.

San Lucas comenta dos veces en el segundo capítulo de su evangelio que María conservaba la Palabra de Dios (cf. Lucas 2,19 y 51). La atesoraba porque la valoraba como algo preciado. Cuando valoras algo de esta forma, seguramente que vas a cuidarlo. También demostró un gran valor en varios ejemplos. El valor la llevó a visitar a Isabel, a permanecer firme al pie de la cruz y esperar pacientemente a la resurrección.

El famoso autor y novelista C. S. Lewis escribió: «El coraje no es simplemente una de las virtudes sino la forma de cada virtud en los momentos difíciles». Esto significa que para ser misericordioso necesitamos coraje. Para poder perseverar, necesitamos valor. «María, la Valiente» es un título precioso que encaja con nuestra Madre por su coraje. Con la ayuda del Espíritu Santo sobre ella, este valor hizo que una misión imposible se convirtiera en misión posible. Necesitamos la ayuda de María, nuestra Madre, en nuestra misión, y ella nos ayudará especialmente en esta próxima semana.

Semana 3: Rezar la Palabra de Dios con María

Día 1	El contexto de la oración
Día 2	Apertura de María, nuestra madre
Día 3	Confianza en Dios
Día 4	Un jardín cerrado
Día 5	Ella guardó la Palabra
Día 6	María, la Valiente
Día 7	Misión posible

Semana 3: día 1. El contexto de la oración

«En el sexto mes» (Lucas 1,26).

La Anunciación comienza en un contexto de tiempo, lugar y personas muy específicos. Revisemos los dos primeros versículos de Lucas 1, 26-27. «Al sexto mes fue enviado por Dios el ángel Gabriel a una ciudad de Galilea, llamada Nazaret, a una virgen desposada con un hombre llamado José, de la casa de David; el nombre de la virgen era María». En solo dos versículos, ¡hay tantos detalles! Muchos nombres de personas —Isabel, Gabriel, José, David y María—, de lugares —Nazaret y Galilea— y tiempo: «al sexto mes». Estos detalles son muy concretos y el contexto es también real. Nuestra oración personal tiene un contexto muy específico también. Dios envía un mensaje «contextualizado» todos los días a través de la Palabra de Dios a ti y a mí. Nosotros también tenemos nombres en nuestra oración, los nombres de familiares, amigos y personas por los que nos preocupamos y rezamos, cada uno con su cara y su nombre. Dios nos habla en nuestro contexto histórico, en momentos concretos de nuestra historia y tiempo. Nuestra oración también puede incluir «el signo de los tiempos» (Mateo 16,3) a nuestro alrededor, los acontecimientos y los problemas de nuestro mundo.

Cuando rezamos, necesitamos un momento de tranquilidad y quietud. No siempre somos capaces de entrar inmediatamente en la oración. Necesitamos cierta estabilidad y calma en nuestras mentes y también en nuestros corazones. Por nuestra mente pasan muchos pensamientos, así que necesitamos hacer esfuerzos para concentrarnos en nuestra oración. Hay momentos en los que me noto un poco desorientado al principio de la oración. Quizá sea porque tengo una agenda muy ocupada y una lista de cosas que hacer que mantienen mi mente preocupada. Necesito hacer una pausa y calmar mis pensamientos. Lo que me ayuda es recordar la primera pregunta de Dios a la humanidad en la Biblia: «¿Dónde estás?» (Génesis 3,9). Algunas veces, cuando sé y siento que no estoy tan conectado, me resulta más difícil leer mis propios «signos de los tiempos». María, nuestra Madre, puede ayudarnos mucho durante estos tiempos porque ella nos conoce.

Una vez compartí con mi propia madre mis preocupaciones sobre el hecho de que tuviera que irme a descansar pronto y compararme con otros que podían quedarse hasta más tarde. Mi madre, que me conoce bien, me tranquilizó. «Tú siempre has sido así. Incluso cuando eras pequeño, no te quedabas despierto hasta tarde, pero, por la mañana, te levantabas tan fresco y alegre como un pajarillo». ¡Es cierto! Algunos pueden quedarse hasta las tantas trabajando, pero no yo, yo necesito dormir. Al día siguiente, tras el descanso nocturno, me siento lleno de energía y capaz de asumir mucho trabajo. No hay nada malo en trabajar hasta tarde pero me viene a la cabeza el Salmo 127: «En vano... te vas a la cama tarde... porque Él concede el sueño a aquellos que ama» (cf. Salmo 127,2).

María puede ayudarnos a entender lo que nos está ocurriendo y lo que pasa a nuestro alrededor. Ella tenía esa capacidad para entender lo que Dios estaba haciendo en su vida.

Ella era capaz de reunir los acontecimientos de su vida, «componiéndolos como en un único mosaico» (Benedicto XVI, *Verbum Domini*, n. 27). En un mosaico se forma una bonita imagen a partir de muchos fragmentos más pequeños.

La oración es capaz de formar una imagen uniendo las diferentes piezas de nuestra vida. La oración da el fruto de la integración, del todo y el uno. Así, una falta de oración y asimilación nos deja fragmentados, sintiéndonos desintegrados y dispersos. Dar un paso atrás nos ayuda a tomar perspectiva e intentar ver la imagen más grande. Es un buen ejercicio de oración compartir con María, canalizar nuestra energía y esfuerzo en compartir con ella lo que nos está ocurriendo: acontecimientos de la vida, sentimientos, preocupaciones, miedos, sueños, en suma todo lo que está ocurriendo fuera y dentro.

Practiquemos el ejercicio de rezar con María esta semana. Mientras continuamos reflexionando sobre la Anunciación, consideremos algunas actitudes de nuestra Madre que también pueden ayudarnos a rezar. Dos actitudes que vemos en Ella y son vitales para una oración fructífera son la apertura y la confianza. Con respecto a la falta de confianza esta puede hacer que nos cerremos a los planes y caminos de Dios. Por eso necesitamos acercarnos a la Virgen María y pedirle ayuda e intercesión.

Reflexionemos sobre la Anunciación y descubramos la riqueza de los textos del Evangelio

- Reza con el texto de Lucas 1,26-38. ¿Qué te sorprende cuando rezas con él?
- ¿Qué nos enseña este pasaje del Evangelio sobre cómo rezaba María?

SEMANA 3: DÍA 2. APERTURA DE MARÍA, NUESTRA MADRE

«Y el ángel entró» (Lucas 1,28).

Si el ángel Gabriel pudo entrar fue porque el corazón de María estaba abierto. No puedes entrar en algo que está cerrado. María estaba abierta a Dios, abierta a su sorprendente mensaje. Quizás María no recibió todo el mensaje de la Anunciación en un momento de la oración. Pudo haber sido una revelación gradual a lo largo del tiempo. Pudo haber sido durante momentos repetidos de la oración o en un instante. Sencillamente, no lo sabemos. Sin embargo, sí sabemos que ella estaba abierta. Siempre está dispuesta a escuchar nuestras oraciones. Siempre podemos rezar a María, nuestra Madre, como nos recordó el papa Francisco con unas hermosas palabras sobre la oración a la santísima Virgen.

«Es la santa entre los santos, la más bendita, la que nos enseña el camino de la santidad y nos acompaña. Ella no acepta que nos quedemos caídos y a veces nos lleva en sus brazos sin juzgarnos. Conversar con ella nos consuela, nos libera y nos santifica. La Madre no necesita de muchas palabras, no le hace falta que nos esforcemos demasiado para explicarle lo que nos pasa. Basta musitar una y otra vez: "Dios te salve, María…"» (*Gaudete et exsultate*, n. 176).

Uno de los nombres de María es la «puerta del cielo». Ella era la puerta que permitía a Dios entrar en la humanidad y a la Palabra hacerse carne en ella. La puerta de su corazón estaba abierta a Dios. En nuestra casa, nosotros tenemos una escultura de María sosteniendo a Jesús Niño en sus manos. La imagen fue esculpida en barro por la misionera del Verbum Dei, Asunción Gomila, y después fue pintada a mano por nuestro anterior presidente, Rodrigo Carrizo. Detrás de esa bonita imagen colocamos una puerta de madera antigua para representar a María como la puerta que nosotros atravesamos para estar con Jesús. Esta es la belleza de nuestra fe católica. Podemos llegar por todos los medios a nuestro Señor, pero también se nos ha dado este preciado regalo de María, ¡nuestra Madre!

«La Palabra de Dios dice que todas las personas buscan a Dios. En el caso del niño, Dios se sensibiliza a través de la madre. Así, la sensibilidad de hombres y mujeres siente un especial apoyo y atracción hacia la madre a través del curso de su vida mortal. E incluso cuando pierden sus facultades, como por instinto continúan, hasta los últimos momentos, agarrándose a su madre. Dios ha querido revelar su ternura materna particularmente y en concreto en las mamás. Mas, en la Vida inmortal, eterna, por la que somos verdaderos hijos de Dios, ha querido nuestro Padre del cielo dejar en el corazón y entrañas de María, su tiernísima y cariñosísima maternidad espiritual divina, para que Ella la aplicara dulcemente a todos y cada uno de sus hijos. E igualmente ha dispuesto que todo hijo de Dios hallara en María y gustara en Ella esta riqueza inefable de la afectividad divina del mismo Dios» (Jaime Bonet, *A Solas*, Tema 69).

Podemos acercarnos a María, nuestra Madre, y aprender de ella a estar abiertos, abiertos a Dios y abiertos a sus caminos. También nosotros queremos ser una puerta abierta para que entre la gracia de Dios. Santa Teresa de Ávila escribía:

> «Porque de estos gustos que el Señor da a los que perseveran en la oración se tratará mucho, no digo aquí nada. Solo digo que para estas mercedes tan grandes que me ha hecho a mí, es la puerta la oración. Cerrada esta, no sé cómo las hará» (*La vida de santa Teresa de Jesús*, Capítulo 8, 9).

La oración es la puerta abierta a recibir gracia sobre gracia. Estemos abiertos a la oración. Abre nuestros ojos, Señor (cf. Lucas 24,31), abre nuestros oídos (cf. Marcos 7,35) y abre nuestra mente (cf. Lucas 24,45).

María estaba abierta porque confiaba en Dios. A continuación, trataremos la confianza de María.

Seamos abiertos como María

- Reza específicamente los versículos de Lucas 1,26-28.
- ¿Dónde te está llamando Dios para ser más abierto? Pide la ayuda de nuestra Madre para estar abierto, abierta a la voluntad de Dios.

SEMANA 3: DÍA 3. CONFÍA EN DIOS

«Confía en el Señor con todo tu corazón, y no te inclines sobre tu propio entendimiento» (Proverbios 3,5). Muchos dudan o encuentran difícil confiar en Dios. Prefieren seguir el camino de su propio entendimiento. Una de las formas de crecer en la confianza es revisar las evidencias. Mira cuidadosamente los datos y después llega a las conclusiones. Mira hacia atrás en tu vida para ver si Dios ha sido fiable o no. Cuanto antes hagamos esto seriamente, antes empezaremos a ver dos cosas: ¡lo grande que ha sido Dios y lo poco fiables que somos nosotros! Dios ha acompañado nuestra vocación en cada paso del camino. Él también sabía que nosotros no somos tan buenos cuidando de su vida y su amor por nosotros así que nos dio una Madre. Ella nos ayuda a cuidar de Jesús en nosotros.

Esta fue también la experiencia de mi vocación. Trabajaba como cirujano y fui a una entrevista de trabajo. Hice una oración a la Virgen María. «Madre, este trabajo es para tres años. Si lo consigo... rezaré tres rosarios, no, iré tres veces a Lourdes en peregrinación». Hice mi oración, conseguí el trabajo y prácticamente olvidé mi promesa. Pasó un año y un día, paseando, entré en una iglesia y ¡en el tablón de anuncios había publicidad de una peregrinación a Lourdes! Fui tres veces para cumplir por fin mi voto.

En el tercer viaje, fui con mi hermano gemelo Andrew. Tuvimos una bonita experiencia trabajando juntos en los baños de Lourdes. Cuando terminamos le dije a la santísima Virgen: «Por favor, continúa esta buena obra que has comenzado en mí».

Nuestra Madre puede ayudarnos a cada uno de nosotros a crecer en la confianza amorosa y avanzar más sin miedo en nuestra vocación. En esos días, yo podía decir que, aunque el Señor me conocía bien, yo no confiaba tanto en Él. Sin embargo, mi corazón se derritió a través de la experiencia del amor de María. Un versículo resume la llamada de mi vocación: «Atráeme en pos de ti, correremos» (Cantar de los Cantares 1,4). Me acerqué a la belleza, a la simplicidad, a la humildad y a la confianza de María. Estaba seguro de que ella me guiaría en el camino correcto. Poco a poco, ella me introdujo hacia su Hijo, Jesús. Para mí era fácil capturar el amor maternal de Dios en María a través de la experiencia del amor de mi propia madre. A través de ella, Dios me reveló su amor divino y maternal, y reconocí el rostro de su amor inmediatamente en María.

¿Cómo podemos ver la confianza de María? Echemos un vistazo al Evangelio. «El ángel fue hacia ella y dijo, "Alégrate, llena de gracia, el Señor está contigo". María se turbó con sus palabras y se preguntó qué tipo de felicitación podría ser esta» (Lucas 1,28-29). Es impresionante la capacidad de María para perseverar en la oración aunque se sienta «muy turbada». A menudo, cuando nos sentimos muy confusos, resulta más difícil rezar, estar abiertos y seguir confiando. En este momento, María no se apoya en su propio entendimiento. Dios está a punto de hacer algo nunca visto a través de una virgen que concibe y da a luz. En medio de su confusión, María tiene una actitud de no confiar en su propio entendimiento, sino en los caminos de Dios. Ella mantiene los canales de comunicación abiertos y es capaz de escuchar a Gabriel diciendo: «No tengas miedo, María» (Lucas 1,30). En los momentos en los que nos sentimos confusos, es vital escuchar la Palabra de Dios y no la voz del miedo y la ansiedad.

En medio de las palabras de María y el ángel Gabriel, podemos percibir un silencio, un silencio frente al Misterio. Yo puedo percibir el silencio de María frente a un plan nunca verbalizado por Dios. Es un silencio de asombro, reverencia y anticipación; un silencio de contemplación. «Busqué al Señor y Él me contestó; me liberó de todos mis miedos. Aquellos que le miran, brillan» (salmo 34,4-5). A menudo nos quedamos callados frente a algunos problemas, una especie de silencio frente al Misterio. No siempre tenemos las palabras y no siempre necesitamos tenerlas. Es momento de estar serenos, frente a la presencia y la acción de Dios.

La llamada del silencio en la oración es descrita maravillosamente por san Ignacio de Antioquía en una de sus cartas: «Al príncipe de este mundo le ha sido ocultada la virginidad de María, y su alumbramiento, al igual que la muerte del Señor: tres misterios sonoros, que fueron realizados en el silencio de Dios» (Carta a los Efesios 19,1). Para entender mejor un misterio ocasionado en el silencio, nosotros también necesitamos aprender a estar más en silencio.

Confiar como María

- Escribe el pasaje de Proverbios 3,5 y Cantar de los Cantares 1,4 en tu cuaderno de notas de la oración.

- ¿Dónde te está pidiendo el Señor que confíes más? Pide la ayuda de María para que crezca tu confianza en Dios.

Semana 3: día 4. Un jardín cerrado

«Tú eres un jardín cerrado, mi hermana, mi esposa» (Cantar de los Cantares 4,12).

Una vez, de visita en casa, pasé unos días en Londres y decidí visitar la Galería Nacional de Arte. Estábamos a punto de irnos de retiro y escuché que algunos artistas acudirían, así que quería conectar un poco más con el mundo del arte. En ese momento, en la galería había una exposición de pinturas del Renacimiento. Me di cuenta de que, en muchas de las pinturas, aparecían retratos de mujeres con un jardín detrás. En cada cuadro había una breve descripción con información sobre el pintor, la fecha en que lo pintó y algunos detalles del contexto de la obra. Para mi sorpresa, los cuadros estaban inspirados por el Cantar de los Cantares. Fue una alegría ver que las pinturas que pertenecían a la mujer que está «en un jardín cerrado y una primavera cerrada» eran todas representaciones de la Bienaventurada Virgen María.

El jardín cerrado es el corazón de María, exclusivo de Dios. Incluso cuando ella estaba prometida con José, le preguntó al ángel Gabriel: «¿Cómo puede ser esto si no conozco varón?» (Lucas 1,34). Habla de pureza, exclusividad y deseo de dedicarse solo a Dios. Es un hecho poco conocido que todos los bautizados están llamados a la pureza. Fíjate en el detalle: no habla de celibato (sin relaciones físicas) ni de virginidad solo, sino de pureza. Por tanto, aunque estés soltero, casado, aún buscando, consagrado, joven, viejo, viudo, todos los bautizados estamos llamados a vivir con pureza y con un amor puro. La pureza puede entenderse así: un corazón puro con un amor limpio, no sucio y adulterado. Todos nosotros debemos aspirar a este tipo de amor en nuestros corazones. La virginidad podría ser vista también como la dedicación de nuestros corazones a Dios. Acercándonos a Él en la oración, nuestros corazones pueden ser «vírgenes» cada día, frescos, nuevos, abiertos y preparados para recibir. Como una hoja en blanco, nuestros corazones esperan pacientemente a que Dios escriba su mensaje de amor renovado cada día.

«Pidámosle a María que nos dé la disponibilidad y capacidad suficiente para vivir nuestra vocación con intensidad como Ella; para vivir la virginidad, que es capacidad de amar, potenciación de toda la persona, entregar la propia humanidad a Dios» (J. Bonet, *Así será tu descendencia*, Tema 26, 21).

La virginidad implica cuidar el corazón, cuidar el amor de Dios en nosotros. Sé que hay muchas personas que tienen fe; madres, padres, solteros y otros, que cuidan del amor de Dios en su vida diaria, en medio de distintos temores y preocupaciones por su trabajo y vida familiar. Cuidando de su vida de oración, ¡tienen un jardín interior muy fructífero! Los frutos del amor, la alegría, la paz, la paciencia, la amabilidad, la bondad, la fidelidad, la gentileza y el autocontrol (Gálatas 5,22-23).

El Cantar de los Cantares describe el florecimiento de un jardín cerrado: «Tus plantas son un vergel de granadas con frutos para elegir, nardos y azafrán, cálamo y canela, con todas las clases de árboles de incienso, mirra y áloe y todas las más finas especias» (Cantar de los Cantares 4,13-14). ¡Qué bonito tener un jardín lleno de estos frutos y especias! Podríamos entender estos frutos como un tiempo para mi familia, como una gracia para tener alegría, como el valor para afrontar los problemas, como disciplina para cumplir mis obligaciones y como fuerza para decir no a las tentaciones. Con todas estas gracias podemos vivir una existencia fructífera y llena de fe.

Si no lo cuidamos, nuestro jardín interior puede convertirse en algo desordenado y lleno de malas hierbas.

¡Acabará pareciendo más una jungla que un jardín!

La oración es, a menudo, un tiempo de poda y de purificación. La poda es necesaria para que el árbol dé más fruto. Jesús nos lo dijo claramente: «Yo soy la vid verdadera, y mi Padre es el labrador. Toda rama que en mí no da fruto, la corta; pero toda rama que da fruto la poda para que dé más fruto todavía» (Juan 15,1-2).

Tenemos que dar tiempo y espacio a Dios. Un jardín necesita tiempo para crecer y florecer. Podríamos prolongar ligeramente nuestro tiempo de oración, o incluso dar el paso e irnos unos días de retiro. El papa Francisco subrayó la importancia de la oración prolongada.

«Si bien el Señor nos habla de modos muy variados en medio de nuestro trabajo, a través de los demás, y en todo momento, no es posible prescindir del silencio de la oración detenida para percibir mejor ese lenguaje, para interpretar el significado real de las inspiraciones que creímos recibir, para calmar las ansiedades y recomponer el conjunto de la propia existencia a la luz de Dios. Así podemos dejar nacer esa nueva síntesis que brota de la vida iluminada por el Espíritu» (*Gaudete et exsultate*, n. 171).

María, ayúdanos a cuidar de la vida de Dios y su amor por nosotros

- Escribe en tu cuaderno de oración el pasaje del Cantar de los Cantares 4,12. Reflexiona sobre ello. ¿Qué significa para ti?
- ¿Cómo puedes cuidar mejor de tu vida de oración?

SEMANA 3: DÍA 5. ELLA GUARDÓ LA PALABRA

«María atesoró estas palabras y reflexionó sobre ellas en su corazón» (Lucas 2,19).

Una vez, impartí un retiro religioso con unas mujeres que eran parte de una congregación mariana (una comunidad dedicada a María, nuestra Madre). Una de las meditaciones se produjo durante un día festivo de la Virgen María (Nuestra Señora de Lourdes, el 11 de febrero). Estaba interesado en ver cómo iría la preparación de mi reflexión y qué mensaje podría compartir con ellas. Recé: «María, este es tu día especial, y estas hermanas se dedican a servir a Jesús con tu ayuda. ¿Qué te gustaría compartir con ellas?».

Quería compartir con las hermanas el cuidado de nuestra vida de oración ya que ese era el tema del día, así que le pregunté a la Virgen, «¿Cómo cuidamos de la Palabra de Dios como hiciste tú?». Sabemos que María cuidó de la Palabra de Dios hecha carne. Ella envolvió al Niño Jesús en pañales y le acostó en un pesebre. También cuidó de la Palabra de Dios en su corazón (cf. Lucas 2,19 y 51). Lo que yo comprendí en mi oración era que, si valoras algo, tienes que cuidarlo mucho.

María me recuerda el momento en que recibí una donación de una de nuestras comunidades en el extranjero. Viajé para entregar la donación a la comunidad destinataria con el sobre en mi mochila. ¡Nadie tuvo que decirme que no dejara mi equipaje abierto o sin vigilar! Guardé el sobre y la mochila como mi vida, ¡la cantidad no era tan grande, pero sí muy valiosa! (¡Siéntanse libres para hacer más donaciones!).

Si valoras el tiempo de oración, si valoras la Palabra que estás recibiendo, cuidarás de ella. Porque al cuidar de la Palabra, viene en mi ayuda otro pasaje, el del salmo 19.

Pista para el entrenamiento: esta es otra buena técnica o táctica para la oración: intentar conocer algunos pasajes de la Biblia. Hay momentos en los que el Espíritu Santo te iluminará con otro pasaje de la Palabra de Dios. Cuanto más familiarizados estemos con las Sagradas Escrituras, más nos ayudará en nuestra oración y en nuestro diálogo con el Señor. Descubriremos que Él nos ilumina a través de varios pasajes.

Así que volvamos al salmo 19:

«La ley del Señor es perfecta: infunde nuevo aliento.
El mandato del Señor es digno de confianza:
da sabiduría al sencillo.
Los preceptos del Señor son rectos:
traen alegría al corazón.
El mandamiento del Señor es claro: da luz a los ojos.
El temor del Señor es puro: permanece para siempre.
Las sentencias del Señor son verdaderas:
todas ellas son justas.
Son más deseables que el oro, más que mucho oro refinado; son más dulces que la miel, la miel que destila del panal.
Por ellas queda advertido tu siervo; quien las obedece recibe una gran recompensa»
(Salmo 19,7-11).

La Palabra de Dios que recibimos en nuestro tiempo de oración es perfecta y fiable. Refresca el alma, hace que lo inteligente sea sencillo y da alegría al corazón. La Palabra da luz a los ojos, es más preciada que el oro e incluso más dulce que la miel. Deberíamos esforzarnos por valorar la Palabra de Dios, apreciarla, recordarla y no olvidarla. Si cuidamos de la Palabra, ella cuidará de nosotros también, como expresa Santiago: «Acepta humildemente la palabra plantada en ti, la que puede salvarte» (Santiago 1,21). Estamos llamados a valorar cada migaja de la Palabra de Dios, como los cachorros que comen las migajas que caen de la mesa de su dueño (cf. Mateo 15,25-27).

Cuidar la Palabra de Dios

- ¿Qué Palabra de Dios puedes guardar hoy? ¿En estos días?
- ¿Cómo la guardarás y la recordarás?

SEMANA 3: DÍA 6. MARÍA, LA VALIENTE

«Con Dios actuaremos con valentía» (salmo 108,13).

La raíz de la palabra «coraje» procede de la latina «cor» (corazón) a través de la palabra francesa «corage» (derivada de «coeur», corazón). La valentía tiene que ver con lo que hay en tu corazón. No es que nunca sientas miedo o preocupación. De hecho, en la Anunciación, María se sintió muy preocupada y el ángel tuvo que tranquilizarla. «No tengas miedo». El coraje se da cuando el miedo no tiene la última palabra. En palabras de un famoso *cowboy* en una película, antes de la pelea: «El coraje es sentir miedo pero subirte al caballo, siempre». María necesitará tener coraje, ya que las cosas que le esperan no van a ser fáciles para ella. Esto quizás se prevé y se simboliza en las palabras finales del episodio de la Anunciación: «Y el ángel la dejó» (Lucas 1,38). El viaje por delante no siempre estará lleno de consuelo, sentimientos dulces y olor a rosas. «Una espada te partirá el corazón, María» (cf. Lucas 2,35). Sin embargo, María se prometió al Espíritu Santo y uno de los regalos del Espíritu es la fortaleza.

Un día, fui a visitar el Santuario Nacional Mariano en Inglaterra, para rezar en la capilla de Nuestra Señora de Walsingham. Al final de mi oración, le pedí a María, nuestra querida Madre, una palabra inspiradora o un mensaje final, pero, aparentemente, no recibí nada. Mi tiempo se estaba acabando y mis padres me esperaban en el coche. «De acuerdo, María, no tengo mucho tiempo ahora, ¿cuál es tu mensaje de inspiración para mí? Sabes que mañana vuelvo a mi comunidad y a nuestra misión en Filipinas. ¿Alguna palabra tranquilizadora?». Mi momento había pasado y tenía que irme. Cuando me levanté, por casualidad miré hacia arriba, al techo de la pequeña capilla, y pude ver una preciosa escultura de la paloma del Espíritu Santo. Entonces recordé las palabras dirigidas a María: «El Espíritu Santo vendrá sobre ti» (Lucas 1,35). «De acuerdo, Mamá, he escuchado el mensaje alto y claro», le dije a nuestra Madre celestial.

En lugar de explicar el coraje de María con más prosa, el Espíritu Santo me inspira para escribir una canción.

María, la Valiente

María, la Valiente, aunque era solo una muchacha,
el mensaje de Gabriel dio un vuelco a su mente:

¿puede estar pasándome todo esto a mí?,
¿he sido elegida ahora como su tesoro y su perla?,
¿cómo se desplegará este misterio?

María, la Valiente, aunque era una humilde virgen,
estando en la penumbra, ahora es Madre de Dios:

¿cómo puede ser esto verdad?
Solo sigue sus señales, permanece atenta,
continúa observando.
El Espíritu de Dios continuará guiándote.

María, la Valiente, sujetando estrechamente en su pecho
la Palabra,

se puso en camino hacia las montañas
abrazando con fuerza a nuestro Señor.

¿Cómo es que la Madre de Dios me visita?
«Oh, Bienaventurada —dice Isabel—,
creyendo lo que oías».

Tu obediencia corrige lo que la humanidad ha fallado.
María, la Valiente, aunque humilde y pobre,
enriquecida por la gracia y el amor de Dios, que es puro.

¿Encontrará también Dios nuestros corazones disponibles?

Con la Palabra viviendo en nosotros hay una cosa segura:
aunque lleguen las pruebas, siempre podemos superarlas.

María, la Valiente, aunque era una flor con fragancia,
se regocijó en el Espíritu y saboreó su poder.
¿Podemos tú y yo no andar por su camino?

Sigamos sus pasos, no más cobardía, ¡nunca!
Con Dios actuaremos con valentía,
por siempre y para siempre.

CORO

María, corazón valiente, nos diste una ventaja.
El ayer se ha ido y no puede regresar.
El mañana es otra batalla que hay que ganar.
«Para ser valiente, te enseñaré el secreto:
tú solo necesitas coraje para el aquí y el ahora».

Descubriendo tus talentos creativos

- Escribe las palabras de Lucas 1,35-38 en tu cuaderno de oración. Invierte tiempo reflexionando sobre ellas.
- ¿Por qué no intentas escribir un poema breve o incluso una canción para expresar tu amor por nuestra Madre?

SEMANA 3: DÍA 7. MISIÓN POSIBLE

«Ella corrió deprisa» (Lucas 1,39).

Habiendo recibido el mensaje del ángel, ¿qué hizo María?

¿Se quedó de brazos cruzados y se relajó diciendo: «Puedo relajarme porque soy la Madre de Dios»? ¡No! El Evangelio continúa: «En ese momento, María se preparó y fue rápidamente a la ciudad» (Lucas 1,39). Tras la anunciación, llega la visitación. Me encanta la palabra «deprisa» que en el texto griego es «*spoude*», que significa burbujeante o hirviendo. María, siendo un jardín cerrado, ¡mantiene la palabra bajo presión! Como una olla a presión sin grietas o agujeros.

La Virgen María inspira la misión de cada uno de nosotros. Al inicio de cada capítulo en las *Constituciones* de las Misioneras de la Caridad (de la santa Madre Teresa) hay un versículo bíblico inspiracional. ¿Qué versículo eligen para cada capítulo en «El Apostolado Misionero»? Lo adivinaste: «Ella corrió deprisa» (Lucas 1,39). Al final de la anunciación, María afirma: «Soy la sierva del Señor. Que se cumpla tu palabra» (Lucas 1,38).

Podemos pensar que María fue deprisa porque estaba llena de esperanza; de hecho, la esperanza produce prisa donde el desánimo nos paraliza. María es llamada Madre de la Esperanza, la cual es una virtud dinámica que nos impulsa hacia delante, hacia el objeto de nuestra esperanza. San Pablo alude a ello en su carta a la Iglesia de Roma cuando habla de la esperanza: «Porque en esa esperanza fuimos salvados. Pero la esperanza que se ve ya no es esperanza. ¿Quién espera lo que ya tiene? Pero, si esperamos lo que todavía no tenemos, en la espera mostramos nuestra constancia» (Romanos 8,24-25). El papa Francisco reconoce esta esperanza presente en la santísima Virgen María:

«La esperanza encuentra en la Madre de Dios su testimonio más alto. En ella vemos que la esperanza no es un fútil optimismo, sino un don de gracia en el realismo de la vida» (*Spes non confundit*, n. 24).

De igual modo el Papa nos llama a cada uno de nosotros a irradiar esta misma esperanza en el mundo de hoy.

«Necesitamos que "sobreabunde la esperanza" (cf. Rm 15,13) para testimoniar de manera creíble y atrayente la fe y el amor que llevamos en el corazón; para que la fe sea gozosa y la caridad entusiasta; para que cada uno sea capaz de dar aunque sea una sonrisa, un gesto de amistad, una mirada fraterna, una escucha sincera, un servicio gratuito, sabiendo que, en el Espíritu de Jesús, esto puede convertirse en una semilla fecunda de esperanza para quien lo recibe» (*Spes non confundit*, n. 18).

Para irradiar esperanza necesitamos estar constantemente conectados con Dios, fuente de toda esperanza. Se necesita un «sí» constante como María. La actitud de María y su «sí» a la propuesta de Dios se conocen a veces como su *Fiat*. ¡No mostremos nuestra ignorancia pensando solo en un tipo de automóvil italiano! *Fiat* viene del latín y significa «Hágase». Es el comienzo de la frase «Hágase en mí según tu palabra» que María pronuncia al final de la anunciación (Lucas 1,38). ¡Es su «sí« a la misión a ella confiada! ¡Su «sí» puede ayudarnos a decir sí también cuando a veces nuestro «sí» es «quizás» o «no»! Jaime Bonet, reflexionando sobre la grandeza de la misión, conecta hermosamente nuestra misión con el «sí» de la Virgen. Necesitamos implorar la intercesión de nuestra Madre bendita para ayudarnos a mantener la fe cada día. Necesitamos pedir este entusiasmo y esta prisa en nuestra misión, recordando como hace el papa Francisco, que *no tenemos una misión, sino que somos una misión.*

«La misión en el corazón del pueblo no es una parte de mi vida, o un adorno que me puedo quitar; no es un apéndice o un momento más de la existencia. Es algo que yo no puedo arrancar de mi ser si no quiero destruirme. Yo soy una misión en esta tierra, y para eso estoy en este mundo. Hay que reconocerse a sí mismo como marcado a fuego por esa misión de iluminar, bendecir, vivificar, levantar, sanar, liberar. Allí aparece la enfermera de alma, el docente de alma, el político de alma, esos que han decidido a fondo ser con los demás y para los demás» (*Evangelii gaudium*, n. 273).

Esa es la razón por la que María «sale de su pueblo para auxiliar a los demás "sin demora"» (*Evangelii gaudium*, n. 288). En algunas celebraciones litúrgicas marianas, las palabras de Romanos 12,11 pueden aplicarse a María: «Que nunca te falte el entusiasmo, mantén tu fervor espiritual, sirviendo al Señor». Esas palabras también se pueden aplicar a nosotros y a nuestra misión de servir a otros. Así, como san Pablo exhorta a los gálatas, también nos anima a nosotros:

«No nos cansemos de hacer el bien, porque en el momento adecuado recogeremos una cosecha si no nos rendimos. Por tanto, cuando tengamos la oportunidad, hagamos el bien a toda la gente, especialmente a aquellos que pertenecen a la familia de los creyentes» (Gálatas 6,9-10).

Momento de movernos en nuestra misión

- Escribe el versículo de Lucas 1,39 en tu cuaderno de oración. Intenta imaginar a María yendo de viaje a la casa de Isabel.
- ¿Cuál es la invitación para ti y tu misión?

Semana 4:
Hacerse global

Introducción a la semana 4

Buen trabajo, has llegado a la semana cuarta. Nuestros músculos de la fe deberían estar ahora bien estirados y en forma. Después de estas semanas de ejercicio, nos encontraremos creciendo espiritualmente. El ejercicio espiritual es muy beneficioso, como señaló san Pablo:

«Pues aunque el ejercicio físico trae algún provecho, la piedad es útil para todo, ya que incluye una promesa no solo para la vida presente, sino también para la venidera» (1 Timoteo 4,8).

Los efectos espirituales útiles de la oración incluyen: fortalecer nuestra fe en Dios, ser capaces de estirar un poco más nuestra paciencia con los demás, crecer en nuestra capacidad de perdonar y ser misericordiosos, ser capaces de soportar las cargas de los demás, aumentar nuestra esperanza y resistencia en los desafíos, entre otros muchos...

Esta semana se introducirán ejercicios más avanzados. Al principio de esta semana, pasaremos algo de tiempo profundizando sobre la conciencia. Una vida sana de oración contribuye a desarrollar nuestra conciencia. No podemos experimentar los verdaderos frutos, nuestra llamada cristiana, si nuestra conciencia no está bien formada. La conciencia es la lámpara que ilumina el alma. Pasar tiempo con la santa Trinidad y María nos hace crecer en la interioridad que es esencial para desarrollar nuestra conciencia.

Veremos la vida, conversión y despertar gradual de la conciencia de John Newton, autor del famoso himno «Gracia sublime». Una forma de ver el fruto de la oración es dar un paso atrás y mirar con perspectiva. Sabemos que recibimos la gracia en la oración por lo que resulta útil ver cómo la gracia funciona con el tiempo, en la vida de una persona.

Si nos alejamos aún más, llegaremos a un contexto más amplio de la oración de acuerdo con lo que llamamos las «verdades de la fe». Son como el trasfondo y comprenden la realidad de nuestra oración. Tendremos en consideración tanto el «cuerpo místico de Cristo» como la «vida eterna», recordando las palabras de Jaime Bonet: «En realidad bastaría una verdad de fe para llenar y colmar totalmente a una persona» (*Así será tu descendencia*, Tema 14, 3).

Cuando perdemos la perspectiva más amplia de la oración y perdemos de vista su transcendencia, la oración se convierte en algo aburrido y nosotros, en cierto modo, en personas indiferentes y mediocres. De modo que debemos insistir en mantener un alto nivel de fe con un alto nivel de entrenamiento espiritual, porque «la vida eterna propia y de muchos depende del contacto, comunión y transmisión vital que solo emana de la oración o diálogo vivo con Cristo» (*Constituciones Verbum Dei*, n. 25). Esto está en línea con la enseñanza de la Iglesia, según la cual la salvación de muchos depende de la oración y el sacrificio de unos pocos (cf. Pío XII, *Mystici Corporis Christi*, n. 44).

Nuestros dos últimos días se centran en la dimensión misionera de la oración. Orar y enseñar a otros a orar es una parte vital de nuestra misión. Nunca deberíamos perder de vista la misión de nuestra oración. Cuanto más escuchamos a Dios, más nos podremos convertir a su voz.

Puede ser bastante sorprendente, pero en realidad es la iniciativa del Señor: «Quien a vosotros escucha, a mí me escucha» (Lucas 10,16). Nuestra reflexión final nos ayudará a entender mejor la llamada para ser su voz en el mundo de hoy, ¡una voz que no tiene miedo de gritar y despertar al mundo!

SEMANA 4: HACERSE GLOBAL

Día 1	Conciencia: la lámpara del alma
Día 2	Una conciencia bien formada
Día 3	Gracia sublime
Día 4	Cuerpo místico de Cristo
Día 5	Tiempos finales
Día 6	Oración misionera
Día 7	Sé una voz

Semana 4: día 1. Conciencia: la lámpara del alma

«El ojo es la lámpara del cuerpo» (Mateo 6,22). Una vida de oración sana nos ayudará a desarrollar una conciencia bien formada. Nuestra conciencia es una facultad vital que tenemos. Es la capacidad de juzgar entre el bien y el mal. San Alfonso María de Ligorio define la conciencia así: «El juicio o la instrucción práctica de la razón por la que juzgamos lo que hay que hacer aquí y ahora porque es bueno o evitarlo porque es malo». Si no nos importa, nuestra conciencia se deforma. Jesús alude al peligro de que la conciencia se deforme cuando nos advierte: «La lámpara del cuerpo es el ojo. Si tu ojo está sano, tu cuerpo entero tendrá luz; pero si tu ojo está enfermo, tu cuerpo entero estará a oscuras. Si, pues, la luz que hay en ti está oscura, ¡cuánta será la oscuridad!» (Mateo 6,22-23).

En la oración tenemos la ayuda de la Palabra de Dios, que es «lámpara para mis pies; luz en mi sendero» (salmo 119,105). La Palabra de Dios puede ser instructiva. Nos recuerda rezar por nuestros enemigos, y perdonar a aquellos que nos han hecho daño. En otro momento, la Palabra nos mueve. Mirar a Jesús, contemplar sus actitudes, como la compasión, dispara nuestra imaginación moral y nos anima a imitarle al relacionarnos con los demás. En otro momento, la Palabra es fuego (cf. Jeremías 23,29), tan necesario para quemar toda la basura que hay en nosotros. «La basura no está solo en algunas calles del mundo. Hay basura también en nuestras conciencias y en nuestras almas», afirmaba Benedicto XVI (*Audiencia general*, 3 de noviembre de 2010). En la oración podemos pedir humildemente al Espíritu Santo: «¿Qué basura hay hoy en mi conciencia? Envía el fuego de tu amor para consumirla».

No siempre nos resulta fácil examinar bien nuestra conciencia. San Agustín decía: «Vuelve a tu conciencia, cuestiónala». A menudo somos muy blandos con nosotros mismos y bastante duros con los demás, ¡cuando debería ser todo lo contrario! El salmista afirma: «cree que merece alabanzas y no halla aborrecible su pecado» (Salmo 36,2). Necesitamos cultivar nuestra vida espiritual, como nos recuerda el *Catecismo*:

> «Es preciso que cada uno preste mucha atención a sí mismo para oír y seguir la voz de su conciencia. Esta exigencia de interioridad es tanto más necesaria cuanto que la vida nos impulsa con frecuencia a prescindir de toda reflexión, examen o interiorización» (*Catecismo de la Iglesia católica*, n. 1779).

Dios nos habla en las profundidades de nuestra conciencia, pero no le oiremos si somos muy superficiales. También puede ser que cuando habla estemos prestando demasiada atención a otras voces. La oración nos ayudará a discernir, para probarlo todo y retener lo que es bueno (cf. 1 Tesalonicenses 5,21).

Nuestra conciencia necesita actualizarse continuamente en un mundo complejo y cambiante. Puede que Dios esté intentando hablar con nosotros, quizás de una forma nueva, como nos dicen los salmos: «una voz desconocida me habló» (salmo

81,5). Siempre es un reto mantenerse al tanto de los signos de los tiempos. Como católicos, nos enfrentamos a varios asuntos complejos como la pena de muerte, la fertilización *in vitro*, la atracción entre personas del mismo sexo, los experimentos con embriones, etc. No basta con rezar para nosotros mismos. Dios no solo nos habla en nuestra oración personal sino que nos habla a través de las enseñanzas de la Iglesia.

He conocido a algunos autoproclamados «super católicos» que ignoraban las enseñanzas católicas sobre asuntos vitales del presente. En otras palabras, su conciencia no estaba bien formada. Podría ser que estuviera deformada o fuera laxa. Podemos argumentar que nuestra conciencia está bastante tranquila y no nos culpa, pero ¿está nuestra conciencia tranquila porque tiene el fruto de la paz del Espíritu Santo o porque ha sido tranquilizada? ¡Tenemos que examinarnos! Como subrayaba el cardenal Ratzinger, «una firme convicción subjetiva y la consiguiente falta de dudas y escrúpulos no justifican absolutamente al hombre» (*Conciencia y Verdad*, 10º taller para obispos, Dallas, Texas, EE. UU., febrero de 1991).

La Palabra de Dios puede ser una luz para nuestros pasos y, cuando empezamos a desviarnos, puede corregirnos suavemente. Es como el entrenador en el gimnasio que, al ver que la persona levanta el peso de forma incorrecta, le indica cómo hacerlo bien para, así, evitar lesiones. Del mismo modo, cuando no hacemos las cosas bien, la Palabra de Dios puede corregirnos, mostrándonos el camino a seguir. Por eso tenemos que escuchar la Palabra, que también se expresa en las enseñanzas de la Iglesia, y ser humildes para aceptar la corrección. Si no ejercitamos un poco la humildad, estaremos perdidos. Es mejor jugar a lo seguro y seguir a san Pablo: «Aunque la conciencia no me remuerde, no por eso quedo absuelto; el que me juzga es el Señor» (1Corintios 4,4). Así, san

Agustín implora: «Mira en tu interior, hermano, y en todo lo que hagas, considera a Dios como tu testigo».

Hoy puede ser un buen día para examinar tu conciencia de acuerdo con la Palabra de Dios

- Pide ayuda al Espíritu Santo para hacer un buen examen de conciencia de acuerdo con tu oración. ¿Qué te ha pedido Jesús y te ha invitado a vivir durante esta semana?
- ¿Lo has puesto ya en práctica? Si no ha sido así, ¿qué te lo ha impedido?
- Piensa cómo puedes superar los obstáculos y después toma una resolución firme para actuar.

SEMANA 4: DÍA 2. UNA CONCIENCIA BIEN FORMADA

«Tienes la mente de Cristo» (1Corintios 2,16).

Se puede encontrar una descripción clásica de la conciencia en *Gaudium et spes*, un documento del concilio Vaticano II, escrito en 1965. «La conciencia es el núcleo más secreto y el sagrario del hombre, en el que este se siente a solas con Dios, cuya voz resuena en el recinto más íntimo de aquella» (*Gaudium et spes*, n. 16). En relación con la conciencia, el Sínodo de Obispos señala que: «En la conciencia se recibe el fruto del encuentro y de la comunión con Cristo... La tradición cristiana insiste en la conciencia como lugar privilegiado para una intimidad especial con Dios y de encuentro con él, donde su voz se hace presente» (*Documento final* del Sínodo de los Obispos sobre los jóvenes, la fe y el discernimiento vocacional, 2018, n. 107).

La conciencia puede representarse con la imagen bíblica del corazón, que alude a la parte más interior de la persona. El propio Jesús localiza el centro de la vida moral en el corazón: «Pero lo que sale de la boca viene del corazón y contamina a la persona. Porque del corazón salen los malos pensamientos, los homicidios, los adulterios, la inmoralidad sexual, los robos, los falsos testimonios y las calumnias. Estas son las cosas que contaminan a la persona, y no el comer sin lavarse las manos» (Mateo 15,18-20). Por esta razón animamos a «cuidar el corazón, porque de él mana la vida» (Proverbios 4,23).

Deberíamos luchar por tener el corazón y la mente de Cristo. Como dice el Sínodo de los Obispos: «Formar la conciencia es camino de toda una vida, en el que se aprende a nutrir los sentimientos propios de Jesucristo, asumiendo los criterios de sus decisiones y las intenciones de su manera de obrar» (*Documento final* del Sínodo de los Obispos sobre los jóvenes, la fe y el discernimiento vocacional, 2018, n. 108). San Pablo nos aconseja: «Tened entre vosotros los sentimientos propios de Cristo Jesús» (Filipenses 2,5) y nos enseña que «tenemos la mente de Cristo» (1Corintios 2,16).

Es esencial formar nuestra conciencia bien como seguidores de Cristo porque «sería imposible vivir, sentir, pensar y amar como Jesús sin una fuerte delicadeza de conciencia y recta formación de la misma» (*Constituciones Verbum Dei*, n. 30). Si no cuidamos de nuestra conciencia, podría acabar siendo laxa. ¿Qué es una conciencia laxa? Puede entenderse con las palabras del libro del Apocalipsis, donde la laxitud se considera como tibieza: «Conozco tus obras; sé que no eres ni frío ni caliente. ¡Ojalá fueras lo uno o lo otro! Por tanto, como no eres ni frío ni caliente, sino tibio, estoy por vomitarte de mi boca» (Apocalipsis 3,15-16). Una conciencia laxa no detecta el pecado y rebaja la gravedad del mal. Lo opuesto a una conciencia laxa es una conciencia sensible o delicada.

Existen varias maneras de formar nuestra conciencia. En la oración, el Espíritu Santo puede arrojar luz sobre nuestras decisiones: «Digo la verdad en Cristo; no miento. Mi conciencia me lo confirma en el Espíritu Santo» (Romanos 9,1).

Los obispos del Sínodo dan instrucciones útiles sobre cómo formar bien nuestra conciencia:

«Según la visión cristiana, para alcanzar la dimensión más profunda de la conciencia es importante cuidar la interioridad ante todo mediante momentos de silencio, de contemplación orante y de escucha de la Palabra, y con el sostén de la práctica sacramental y de las enseñanzas de la Iglesia. Además, se precisa una práctica habitual del bien, valorada en el examen de conciencia: un ejercicio en el que no se trata solo de identificar los pecados, sino también de reconocer la obra de Dios en la propia experiencia cotidiana, en los acontecimientos de la historia y de las culturas de las que formamos parte, en el testimonio de tantos hombres y mujeres que nos han precedido o que nos acompañan con su sabiduría» (*Documento final* del Sínodo de los Obispos sobre los jóvenes, la fe y el discernimiento vocacional, 2018, n. 108).

La predicación de la Palabra de Dios es también un momento privilegiado para formar la conciencia en la preparación de una conversación, una homilía o escuchando la palabra de los demás. Como parte de la formación de la conciencia, «se vuelve necesaria una educación que enseñe a pensar críticamente y que ofrezca un camino de maduración en valores» (*Evangelii gaudium*, n. 64). La misión de la Iglesia de formar apóstoles de Cristo es inseparable de la formación de cristianos con una conciencia madura, delicada y bien formada.

Podemos formar nuestra conciencia día a día

- ¿Existe algún área de tu vida donde el Señor te está pidiendo estar más formado?
- ¿Cómo puedes formar mejor tu conciencia en esa área?

SEMANA 4: DÍA 3. GRACIA SUBLIME

«Por la gracia de Dios soy lo que soy» (1Corintios 15,10).
A veces, no resulta fácil ver la gracia funcionando en nuestras vidas. Seguro que lo está, pero no parece que esté ocurriendo nada. En la oración recibimos gracia sobre gracia y a menudo la mejor forma de ver esto es dar un paso atrás y mirar con perspectiva. Una característica de la gracia es que a veces puede verse más claramente con el tiempo. Cuando la gracia está actuando es algo maravilloso de ver y mantener.

Es como la gracia en la vida de John Newton, un antiguo comerciante de esclavos. Nacido en Inglaterra en 1725, su madre lo educó con la Biblia desde joven, aunque fue en vano. Se subió a un barco con 11 años, donde se hizo famoso por su comportamiento tosco incluso entre los marineros. Participó en los horrores del comercio de esclavos y entonces un día su barco se vio atrapado en una terrible tormenta. Pidió a Dios que le salvara. Tras salvar su vida, continuó en el comercio de esclavos como cristiano, «fomentando la vida de Dios en el alma» de todos los que iban en el barco. Más tarde escribió sobre su conversión: «No pude considerarme creyente, en el pleno sentido de la palabra, hasta bastante tiempo después».

Con el tiempo, dejó la trata de esclavos y se convirtió en un sacerdote anglicano, a los 39 años. Comenzó a celebrar reuniones para orar todas las semanas y escribió himnos. Uno de ellos se convertiría en el himno más popular. ¿Sabes cuál? Se llama «Gracia sublime». Las primeras líneas son

«Sublime gracia, cuán dulce el sonido
que salvó a un desgraciado como yo.
Alguna vez estuve perdido
pero ahora me he encontrado.
Estuve ciego pero ahora veo».

Se dice que este himno se escucha unos 10 millones de veces al año. Esta es la historia de su vida, una vida perdida en la desgracia, hasta que la gracia de Dios intervino poderosamente.

Más tarde, con 62 años, John Newton escribió *Pensamientos sobre el Comercio de Esclavos Africanos* para exponer los horrores de la esclavitud. Admitía que era «una confesión que llega demasiado tarde… Siempre será un motivo de humillación para mí, que fui un instrumento activo en un negocio con el que mi corazón ahora se estremece». Casi al final de su vida, con 83 años, escribió sobre el aniversario de su conversión en el mar: «Me esfuerzo por observar el regreso de este día con humildad, oración y alabanzas».

¡Qué bonito es ver la gracia sublime en la vida de John Newton! Se analiza mejor echando la vista atrás y mirando con perspectiva toda su vida. La gracia no se dio en un instante, como una fórmula mágica, sino que estaba ahí detrás trabajando poderosamente.

San Pablo fue otro ejemplo muy claro sobre el poder de la gracia de Dios en su vida. Escribió su carta a la Iglesia de Corinto afirmando: «Pero por la gracia de Dios soy lo que soy, y la gracia que él me concedió no fue infructuosa. Al contrario, he trabajado con más tesón que todos ellos, aunque no yo, sino la gracia de Dios que está conmigo» (1Corintios 15,10). Él reconoció humildemente cuál había sido la obra de Dios en su vida. Escribió:

«Doy gracias al que me fortalece, Cristo Jesús nuestro Señor, pues me consideró digno de confianza al ponerme a su servicio. Anteriormente, yo era un blasfemo, un perseguidor y un insolente; pero Dios tuvo misericordia de mí porque yo era un incrédulo y actuaba con ignorancia. Pero la gracia de nuestro Señor se derramó sobre mí con abundancia, junto con la fe y el amor que hay en Cristo Jesús» (1Timoteo 1,12-14).

Al final de cada día deberíamos dar gracias a Dios por las gracias de ese día. Mirando hacia atrás en nuestras vidas, podemos ver lo poderosa que ha sido su gracia al salvarnos del desastre, rescatándonos del problema y evitando que el barco de nuestra vida choque contra las rocas. Él nos libera de muchos vicios, afectos desordenados y esclavitudes. Muchas veces hemos estado perdidos y Él ha venido a buscarnos como un Buen Pastor.

¿Cuántas veces nos hemos visto cegados por el orgullo, el enfado y el rencor? Pero la luz de Dios llega, como un rayo sanador, a veces como un fuego que limpia, para purificarnos y salvarnos de nuestra oscuridad. También podríamos escribir nuestra propia canción sobre la gracia sublime de Dios en nuestras vidas.

Pedimos en nuestra oración la intercesión de la Santísima Virgen María, la que está «llena de gracia».

Mirando hacia atrás podemos ver la gracia actuando

- En tu vida, ¿puedes mirar hacia atrás y ver la gracia de Dios en funcionamiento? ¿De qué formas y en qué momentos te salvó?
- ¿Cómo te sientes viendo la gracia de Dios derramada sobre ti de forma personal?
- Expresa tus sentimientos a Dios.

Semana 4: día 4. El cuerpo místico de Cristo

«Tengo sed» (Juan 19,28).

Para rezar bien y con consistencia, necesitamos tener motivaciones fuertes. Ayuda creer que muchos se beneficiarán de nuestra oración. Muchas vidas pueden recibir la gracia de Dios, en parte, mediante nuestros pequeños esfuerzos. Un horizonte más amplio en nuestra oración es vital y esencial, si no, nos ahogaremos en un «vaso de agua», que es una forma de decir que si perdemos el rastro de una perspectiva mayor, los problemas más pequeños y triviales pueden consumirnos y superarnos. En la fe, somos capaces de ver con perspectiva, mirar hacia atrás, y ver un horizonte enorme igual que la Bienaventurada Virgen María, que anunció: «desde ahora me llamarán dichosa todas las generaciones» (Lucas 1,48). ¡Qué premonición y convicción la de nuestra Madre, el verdadero modelo a seguir por nosotros!

Un marco muy útil para nuestra oración es el cuerpo de Cristo. Es muy fácil de captar si consideramos por un momento nuestra interconectividad. No hace falta convencernos de que, en cierto modo, estamos conectados unos con otros. Hemos sido testigos de cómo un solo individuo puede contagiar un virus que puede llegar a diferentes partes del mundo.

Tenemos efecto los unos sobre los otros. Lo cierto es que formamos un Cuerpo, el cuerpo de Cristo. Nuestro Señor, que es la vid, nos anima a estar fuertemente conectados con Él: «El que permanece en mí, como yo en él, dará mucho fruto» (cf. Juan 15,4-5). Cristo es la cabeza y nosotros los miembros de su Cuerpo.

San Pablo da razón de que somos miembros del cuerpo de Cristo en sus cartas: «Ahora bien, vosotros sois el cuerpo de Cristo, y cada uno es miembro de ese cuerpo» (1 Corintios 12,27) y «también nosotros, siendo muchos, formamos un solo cuerpo en Cristo, y cada miembro está unido a todos los demás» (Romanos 12,5). Hoy podemos fijar nuestra oración en el contexto más amplio del cuerpo de Cristo. Pidamos la gracia para conectarnos fuertemente con Jesús, la Cabeza. Que nuestra oración beneficie a los miembros de su Cuerpo que más lo necesitan. Para ello necesitamos creer en el misterio del cuerpo místico de Cristo, así como crecer en nuestro sentido del Misterio, como explica el papa Francisco:

«Como no siempre vemos esos brotes, nos hace falta una certeza interior y es la convicción de que Dios puede actuar en cualquier circunstancia, también en medio de aparentes fracasos, porque "llevamos este tesoro en recipientes de barro" (2Co 4,7). Esta certeza es lo que se llama "sentido de misterio". Es saber con certeza que quien se ofrece y se entrega a Dios por amor seguramente será fecundo (cf. Jn 15,5). Tal fecundidad es muchas veces invisible, inaferrable, no puede ser contabilizada. Uno sabe bien que su vida dará frutos, pero sin pretender saber cómo, ni dónde, ni cuándo. Tiene la seguridad de que no se pierde ninguno de sus trabajos realizados con amor, no se pierde ninguna de sus preocupaciones sinceras por los demás, no se pierde ningún acto de amor a Dios, no se pierde ningún cansancio generoso, no se pierde ninguna dolorosa paciencia. Todo eso da vueltas por el mundo como una fuerza de vida. A veces nos parece que nuestra tarea no ha logrado ningún resultado, pero la misión no es un negocio ni un proyecto empresarial, no es tampoco una organización humanitaria, no es un espectáculo para contar cuánta gente asistió gracias a nuestra propaganda; es algo mucho más profundo, que escapa a toda medida. Quizás el Señor toma nuestra entrega para derramar bendiciones en otro lugar del mundo donde nosotros nunca iremos. El Espíritu Santo obra como quiere, cuando quiere y donde quiere; nosotros nos entregamos pero sin pretender ver resultados llamativos. Sólo sabemos que nuestra entrega es necesaria» (*Evangelii gaudium*, n. 279)

Parte de nuestra oración puede invertirse en ofrecerla por una realidad sufriente en el mundo de hoy. Jaime Bonet nos asegura la eficacia de nuestras oraciones usando la imagen de una inyección en la vena del brazo que trae curación a todo el cuerpo.

«Esto es muy importante porque significa que nuestras vidas influyen enormemente en todo el cuerpo de Cristo, pues aplicando la Vida a unas personas, se aplica al Cuerpo entero. Diría yo que es algo semejante a lo que acontece en el cuerpo humano cuando se pone una inyección en una vena, o en determinada parte del cuerpo. A lo mejor, la persona tiene una llaga, un microbio, una enfermedad en una parte del cuerpo y se le aplica la inyección en otra parte muy distante. No obstante, el resultado es que sana la parte enferma y logra la salud de aquella parte dañada. La intención es curar la parte enferma. El efecto repercute en todo el cuerpo. Así, de modo análogo, acontece en el cuerpo de Cristo» (*Familiares de Dios, Ejercicios Espirituales para Matrimonios*, agosto 1999, p. 544).

El escenario del cuerpo místico de Cristo da una perspectiva mayor a nuestra oración

- ¿Qué ves que ocurre a tu alrededor en el cuerpo místico de Cristo?
- ¿Crees en la eficacia de tu oración para ayudar a curar el cuerpo herido de Cristo?
- ¿A qué realidad específica te gustaría ofrecer tu oración de hoy?

SEMANA 4: DÍA 5. TIEMPOS FINALES

«Esta es la vida eterna: que te conozcan» (Juan 17,3).

Nuestro objetivo es poner nuestra oración diaria en un contexto más amplio, ampliando nuestro horizonte. Ayer reflexionábamos sobre la realidad del cuerpo místico de Cristo, una verdad de nuestra fe. Hoy, nos centramos en la realidad de la vida eterna. Podríamos creer que es un poco prematuro pensar en ello porque, después de todo, aún estamos vivos y no hemos muerto. Recordemos, sin embargo, que nuestra vida eterna comenzó... ¡en nuestro bautismo! Una mala interpretación común de la vida eterna es la vida después de la muerte. Esa es la razón por la que la mayoría de la gente no se centra especialmente en este aspecto, porque no lo desea ni lo considera. Muchos no se dan cuenta de que empezó cuando fuimos bautizados como hijos de Dios. La vida eterna consiste en conocer a Dios, así que esperar a morir para conocerlo es un poco tarde, ¿no crees? ¡No esperes hasta después de morir para empezar a vivir tu vida eterna!

¿Qué es entonces la vida eterna si no es la vida después de la muerte? Pues una relación de amor con Dios que comienza aquí y ahora. Es recibir de Dios una vida que no morirá. Sabemos que nuestra vida física probablemente solo dure 70 u

141

80 años si estamos fuertes (dice la Biblia), pero nuestra vida eterna dura bastante más, ¡dura para siempre! Yo personalmente necesito que me recuerden esto también. Es muy fácil para mi mente voluble y mi corazón agarrarse a todo aquello que se irá con la muerte.

Jesús tuvo que recordárselo a sus seguidores: «Por eso os digo: no estéis agobiados por vuestra vida pensando qué vais a comer, ni por vuestro cuerpo pensando con qué os vais a vestir. ¿No vale más la vida que el alimento, y el cuerpo que el vestido?» (Mateo 6,25).

De verdad creo que tenemos que ser más inteligentes. No deberíamos invertir solo en cosas pasajeras sino también, y muy especialmente, en cosas que durarán para siempre. Cada vez que rezamos, estamos invirtiendo en la eternidad. Qué bonito es eso. La vida de Dios en nosotros crecerá cada vez que nos nutramos de la Palabra de Dios: «El reino de Dios se parece a un hombre que echa semilla en la tierra. Él duerme de noche y se levanta de mañana; la semilla germina y va creciendo, si que él sepa cómo» (Marcos 4,26-27).

La oración también nos ayuda a tener más fe en nuestros compromisos aquí y ahora, ya que nos da la gracia necesaria para actuar de acuerdo con la voluntad de Dios. Reflexionar sobre el final de la vida no es evadir responsabilidades. De hecho, nos ayuda a vivir bien hoy, como nos recuerda san Antonio María Claret: «Elige ahora lo que desearías haber elegido al final de la vida». Reflexionar sobre esto cada día significará seguramente que llegaremos a nuestro último día con menos lamentaciones sobre lo que podríamos o deberíamos haber hecho. Idealmente, podemos morir un poco cada día, es decir, morir en lo que nos impide vivir y disfrutar de la vida plenamente.

Recuerdo una película llamada «Tuck Everlasting» donde la protagonista de once años, Winnie, dice: «No quiero morir, ¿estoy equivocada?». Jesse Tuck contesta: «No, ningún ser humano lo está... no tengas miedo de morir, Winnie, ten miedo de la vida no vivida». Esto podría ser morir al miedo, a la ansiedad inútil, a la carga del rencor, a la pereza, a todo aquello que nos impide vivir plenamente cada día.

Es como querer ganar una carrera de campeones, pero cargando lastres pesados e inútiles. El boxeador no quiere cargar peso extra para la pelea. Por esto, necesitamos una conversión humilde cada día. Así, en el último día, imagino que tendremos menos miedo porque la muerte en nosotros ya ha sido puesta ante la muerte. Cuando «morimos» a nosotros mismos cada día, acabamos viviendo una vida fructífera. Morir a nuestro orgullo nos hace humildes, morir al enfado nos hace mansos, morir a la ansiedad nos hace alegres y morir al rencor nos hace pacíficos. Nos damos cuenta de que probar un poco la muerte enriquece nuestras vidas en cierto sentido. Acabamos viviendo más y más plenamente. Es morir a lo que limita mi verdadero potencial. Descubrimos que esta «muerte propia» nos hace temer menos a la muerte. En cierto modo superamos la muerte poco a poco y en realidad acabamos viviendo una vida unidos con Cristo, la vida eterna, aquí y ahora.

La muerte es entonces algo que no tememos, sino que abrazamos completamente. Y lo que Jesús le dijo a Marta, también nos lo dice a cada uno de nosotros: «Yo soy la resurrección y la vida; el que cree en mí, aunque haya muerto, vivirá; y el que está vivo y cree en mí no morirá para siempre. ¿Crees esto?» (Juan 11,25-26). Sí, Señor, creemos, pero ¡ayúdanos a creer aún más!

Cuando morimos físicamente, la escena aquí en la vida se acaba. No sabemos cómo o cuándo ocurrirá. Pero una cosa es segura: tras la muerte, viene la segunda escena que sabemos que no es solo muy larga, sino que es una eternidad.

Como decimos en los funerales, la vida cambia, no acaba y esa es la razón por la que, en su lecho de muerte, santa Teresa de Lisieux dijo: «No estoy muriendo, estoy entrando en otra vida». No pongamos toda nuestra esperanza y esfuerzos en esta vida que es pasajera, como nos advierte san Pablo: «Si hemos puesto nuestra esperanza en Cristo solo en esta vida, somos los más desgraciados de toda la humanidad» (1 Corintios 15,19).

Miremos fijamente a la eternidad, sigamos luchando la buena lucha ya que todos los gladiadores saben que «lo que hacemos en vida se repite en la eternidad».

La vida es corta y deberíamos utilizar nuestro tiempo en prepararnos bien para la eternidad

- ¿Soy consciente de que en la oración, a medida que aprendo a conocer más al Señor, estoy viviendo más mi vida eterna?
- Si solo te quedaran unos pocos días en este mundo, ¿cómo los vivirías?, ¿qué harías? ¿Qué te está impidiendo hacer esas cosas ahora mismo?

SEMANA 4: DÍA 6. ORACIÓN MISIONERA

«Que todos sean uno» (Juan 17,21).

La oración es una parte esencial de la misión. A través de la oración recibimos la vida y el amor que muchos están esperando. «Entenderemos la vida verdaderamente apostólica como una vida abundantemente contemplativa que, de forma espontánea y necesaria, propaga como fuego abrasador» (*Constituciones Verbum Dei*, n. 18). La oración nos proporciona el combustible para la misión. Sin la oración, nos quedamos sin fuerza en nuestra misión y renunciamos fácilmente. El papa Francisco nos recuerda esto:

> «El problema no es siempre el exceso de actividades, sino sobre todo las actividades mal vividas, sin las motivaciones adecuadas, sin una espiritualidad que impregne la acción y la haga deseable. De ahí que las tareas cansen más de lo razonable, y a veces enfermen. No se trata de un cansancio feliz, sino tenso, pesado, insatisfecho y, en definitiva, no aceptado» (*Evangelii gaudium*, n. 82).

Como un buen doctor, tras diagnosticar el problema, el Papa nos da el remedio:

«Sin momentos detenidos de adoración, de encuentro orante con la Palabra, de diálogo sincero con el Señor, las tareas fácilmente se vacían de sentido, nos debilitamos por el cansancio y las dificultades, y el fervor se apaga. La Iglesia necesita imperiosamente el pulmón de la oración» (*Evangelii gaudium*, n. 262).

Sin oración, la Iglesia pierde el fuego para la misión. Jeremías exclamó: «Tu palabra es como fuego ardiente» (Jeremías 20,9). Necesitamos el fuego del Espíritu en nuestra misión. Por este motivo, el papa Francisco expresó su deseo:

«¡Cómo quisiera encontrar las palabras para alentar una etapa evangelizadora más fervorosa, alegre, generosa, audaz, llena de amor hasta el fin y de vida contagiosa! Pero sé que ninguna motivación será suficiente si no arde en los corazones el fuego del Espíritu» (*Evangelii gaudium*, n. 261).

La oración no es un fin directo en sí mismo. ¿Cómo podemos saber si estamos rezando de verdad? ¿Cómo sabremos que estamos haciendo progresos en nuestra vida de oración? ¿Cómo evaluaremos si nuestra oración es de verdad una experiencia del amor de Jesús? Una vez, impartí un largo retiro que finalicé el 14 de febrero, el día de san Valentín. El momento del cierre era un momento de adoración rucarística. Fue muy bonito, muy bien preparado y hecho en el escenario ideal. Le pregunté a Jesús, mi *Valentín*, cómo le gustaría ser amado. La respuesta vino del Espíritu Santo que me recordó unas palabras de Jesús que Juan recogió: «Si me amas, apacienta mis ovejas» (cf. Juan 21,15-17). En el amor, siempre deberíamos intentar complacer a los amados, no a nosotros mismos.

Recuerdo que unas Navidades, cuando era más joven, compré a alguien unos bombones rellenos de licor, y no porque a ese alguien le encantaran, sino porque me gustaban a mí. Algunas veces, nuestro amor podría ser algo similar: mi oración es, en realidad, para *mí* y para mi santificación personal solamente. La oración de Jesús, en Juan 17, fue por la santificación de todos: «Santifícalos en la verdad: tu palabra es verdad. Como tú me enviaste al mundo, así yo los envío también al mundo. Y por ellos yo me santifico a mí mismo, para que también ellos sean santificados en la verdad» (Juan 17,17-19).

En nuestra misión, estamos invitados a continuar dando conocimiento sobre Dios. Cada día, en nuestra oración, podemos llegar a conocerlo más y más. Tras escuchar las buenas noticias de su amor, de una forma nueva y viva cada día, nosotros también nos convertimos en anunciadores de buenas noticias. El Señor continúa su misión a través de nosotros haciendo que se conozca su amor: «Padre justo, si el mundo no te ha conocido, yo te he conocido, y estos han conocido que tú me enviaste. Les he dado a conocer y les daré a conocer tu nombre, para que el amor que me tenías esté en ellos, y yo en ellos» (Juan 17,25-26).

La oración misionera ensancha nuestro corazón, nuestra fe y nuestro amor. La oración misionera ensancha el espacio de nuestra tienda (Isaías 54,2). ¿Cuántas personas pueden caber en la tienda de mi corazón? ¿Es una tienda de un solo hombre o una sola mujer? Agrandémonos y dejemos espacio para muchos más. «¡No lo restrinjas! Alarga tus cuerdas, afianza tus estacas, porque te extenderás de derecha a izquierda. Tu extirpe heredará las naciones, y poblará ciudades desiertas» (Isaías 54,2-3).

Este deseo de ser fuego, de amar, de llegar hasta los confines de la tierra nos recuerda la oración misionera de santa Teresa de Lisieux en su autobiografía.

«Entendí que la Iglesia tiene un corazón y que este corazón está ardiendo en amor. Entendí que solo el amor es el que impulsa a obrar a los miembros de la Iglesia y que, si faltase este amor, ni los apóstoles anunciarían ya el Evangelio, ni los mártires derramarían su sangre. Reconocí claramente y me convencí de que el amor encierra en sí todas las vocaciones, que el amor lo es todo, que abarca todos los tiempos y lugares, en una palabra, que el amor es eterno. Entonces, llena de una alegría desbordante, exclamé: "Oh Jesús, amor mío, por fin he encontrado mi vocación: mi vocación es el amor. Sí, he hallado mi propio lugar en la Iglesia, y este lugar es el que tú me has señalado, Dios mío. En el corazón de la Iglesia, que es mi madre, yo seré el amor; de este modo lo seré todo, y mi deseo se verá colmado"».

Jesús, gracias por tu oración. Enséñanos a imitar tu oración misionera así como la de santa Teresa de Lisieux.

Jesús nos enseñó la importancia de la oración misionera

- Elige una persona y reza por ella hoy.
- ¿Cómo te da fuerza para la misión tu oración personal?
- Enseñar a otros a rezar es una misión vital. ¿A quién podrías invitar a aprender a rezar?

SEMANA 4: DÍA 7. SER UNA VOZ

«Yo soy la voz» (Juan 1,23).

Es bueno empezar teniendo a la vista el final. Cuando empezamos a rezar, ¿cuál es nuestro objetivo? Del «fruto de nuestro ejercicio diario de oración y de nuestra vida orante, se nutre y propaga el carisma propio Verbum Dei como contemplativo-apostólico-misionero, para vivir y enseñar a vivir la oración que tenga como fruto propio la predicación de la Palabra viva de Dios» (*Constituciones Verbum Dei*, n. 32). Esto me hace reflexionar sobre lo que es el fruto de una vida sana de oración: la predicación de la Palabra viva de Dios. Nuestra sólida vida de oración nos llevará necesariamente a una misión sana. Nos sentiremos llamados a anunciar al Señor y «¡Ay de mí si no predico el evangelio!» (1Corintios 9,16).

Jaime Bonet escribe:

«La misma misión no es algo, es Alguien. Es anuncio, es Buena Nueva, es la Verdad, es la Vida, es la Palabra del Padre. Es la Palabra encarnada. Es Jesús, el Verbo encarnado, la Palabra expresada en la carne, la carne transformada en Palabra. Tampoco el sujeto debiera cambiar. No puede dejar de ser el mismo. En mi carne tiene que encarnarse, expresarse la Palabra, fundirse en mí o mi yo en la Palabra.

Todo mi ser tiene que ser voz, anuncio, misión, Evangelio, Buena Nueva. Tengo que ser Jesús, el ungido, el consagrado, el enviado del Padre» (*Pregón del evangelizador*, 3. El Evangelizador).

Hacer que nuestra oración sea global, no solo centrada en nuestra propia realidad personal, nos ayuda a combatir nuestra propia visión autocentrista. Nos hace uno con el mundo a nuestro alrededor. El papa Francisco lo expresa de esta forma: «Una auténtica fe —que nunca es cómoda e individualista— siempre implica un profundo deseo de cambiar el mundo, de transmitir valores, de dejar algo mejor detrás de nuestro paso por la tierra» (*Evangelii gaudium*, n. 183).

Hay muchas realidades en la sociedad, a nuestro alrededor, por las que podemos rezar. En los últimos años, la Iglesia nos ha pedido que nos preocupemos por los millones de víctimas del tráfico de seres humanos, y podemos tener eso en mente cuando leemos versículos como los del Éxodo 3,7-8, donde el Señor dice: «He visto la opresión que sufre mi pueblo en Egipto. Los he escuchado quejarse de sus capataces, y conozco bien sus penurias. Así que he descendido para librarlos del poder de los egipcios».

Existe una gran diferencia en mi oración al rezar con un versículo y tener en mente no solo mi contexto personal sino también el contexto global. Al rezar sobre las diferentes realidades, el Señor puede iluminarnos y pedirnos que hagamos algo al respecto. Rezar ya es hacer algo, ya que «rezar» es un verbo, una acción en sí misma y las iniciativas adicionales surgirán del amor. En la oración, el Espíritu planta muchas semillas de mostaza, y si tenemos fe, estas pequeñas semillas crecerán: «El reino de los cielos es como un grano de mostaza que un hombre sembró en su campo. Aunque es la más pequeña de todas las semillas, cuando crece es la más grande de las hortalizas y se convierte en árbol, de modo que vienen las aves y anidan en sus ramas» (Mateo 13,31-32).

En la parábola de las diez vírgenes, cuando el novio se retrasó, todas se quedaron dormidas. Todas hubieran seguido dormidas si no fuera por la voz solitaria que gritó a media noche: «¡Que llega el esposo, salid a su encuentro!» (Mateo 25,6). A veces seremos llamados a ser esa voz solitaria gritando en mitad de la noche contra la injusticia o cualquier tipo de maldad. Esto está plenamente en línea con la misión de la Iglesia, «buscando que la Palabra incida en las estructuras injustas del mundo para transformarlas según el reino de Dios» (*Constituciones Verbum Dei*, n. 55). Como Jaime Bonet, rezamos porque todo nuestro ser debe ser voz, anuncio y misión.

El Señor confía en cada uno de nosotros para que seamos su voz

- ¿Cómo has sido llamado hoy para ser su voz?
- ¿Qué áreas de la sociedad has visto sobre las que no puedes estar callado?
- ¿De qué pequeñas formas puedes ser una voz profética en el mundo de hoy?

Conclusión

Querido lector, después de tantas palabras sobre la oración y tras tantos días de ejercitarla, creo que estás más que preparado para escribir tu propia conclusión. Sin embargo, con el fin de seguir la tradición literaria, estas son algunas conclusiones sinceras. Me he dado cuenta de que escribir este libro no ha sido muy difícil. Después de todo, solo he puesto sobre el papel lo que intento hacer todos los días, que es rezar. Escribí el borrador del manuscrito durante el momento más duro de la pandemia del coronavirus, durante el confinamiento. Esta pandemia nos ha recordado la realidad de no saber cuánto tiempo nos queda y la necesidad de luchar para hacer buen uso de nuestro tiempo. Intento recordarme a mí mismo las palabras de san Alfonso María de Ligorio: «Si los santos del cielo pudieran llorar, solo lo harían por una cosa: por no usar su tiempo en la tierra de forma más inteligente». Como rezaba el salmo: «Enséñanos a calcular nuestros años, para que adquiramos un corazón sensato» (Salmo 90,12).

Me gustaría compartir tres frutos a modo de conclusión. El primero de ellos es haberme dado cuenta de la importancia de rezar, y rezar con perseverancia. Una gran tentación es detenerse, dejar de rezar, como remarcó el papa Francisco:

«Todo en la Iglesia nace en la oración, y todo crece gracias a la oración. Cuando el Enemigo, el Maligno, quiere combatir la Iglesia, lo hace primero tratando de secar sus fuentes, impidiéndole rezar» (*Audiencia general*, 14 de abril de 2021).

Un segundo fruto es haber entendido que una vida de oración es realmente un proceso. Roma no se construyó en un día y el crecimiento en la oración necesita tiempo y esfuerzo. La oración de cada día es importante. Puede que haya rezado ayer, pero hoy es un nuevo día con nuevos retos. Necesitamos el pan diario de la Palabra de Dios. También es verdad que algunos días la oración es difícil, pero si ves que la oración de hoy no ha ido muy bien, no te preocupes; siempre tienes el día de mañana para intentarlo de nuevo: «Mañana tras mañana, hace que mis oídos estén atentos para escuchar como discípulo. Yavé ha abierto mis oídos y no me he resistido, no me he dado la vuelta» (Isaías 50,4-5). Rezar es una gracia y una fuente de gracia también. Cuando se trata de rezar, tenemos muchas fuentes de ayuda disponibles: el Espíritu Santo, los santos, nuestra Madre María… pero a menudo se nos olvida pedir: «Pedid y se os dará; buscad y encontraréis; llamad y se os abrirá» (Mateo 7,7).

Un tercer fruto es captar más el poder de la oración. Parte del misterio de la oración es su poder transformante. Me gustaría crecer en este sentido del misterio de la oración. Un momento de oración puede tener un gran impacto, como nos sugiere santa Teresa Benedicta de la Cruz.

«En la noche más oscura surgen los más grandes profetas y los santos. Sin embargo, la corriente vivificante de la vida mística permanece invisible. Seguramente, los acontecimientos decisivos de la historia del mundo fueron esencialmente influenciados por almas sobre las cuales nada dicen los libros de historia. Y cuáles sean las almas a las que hemos de agradecer los acontecimientos decisivos de nuestra vida personal, es algo que solo sabremos el día en que todo lo oculto será revelado» (*Vida escondida y epifanía*).

Por lo tanto, merece la pena rezar. Igualmente es importante enseñar a los demás a rezar, como explicó san Alfonso María de Ligorio: «Nada más claro que el lenguaje de las Sagradas Escrituras cuando quieren demostramos la necesidad que de la oración tenemos para salvamos ... el que reza se salva» (*El gran medio de la oración*).

Cuando rezamos, nos salvamos del desánimo y la desesperanza. Esto supone una inmensa riqueza: la de enseñar a otro a rezar con la Palabra de Dios. Ser capaz de cumplir la misión, nunca olvidar que nuestra oración está llamada a ser «una transfusión de sangre en el cuerpo místico de Cristo» (J. Bonet, *Así será tu descendencia*, Tema 21, 4), capaz de transmitir vida y dar esperanza a muchas personas.

Tengo el deseo de que con este libro surjan más personas orantes en la Iglesia; más arraigadas en el ancla de la oración. Así como personas que puedan marcar y orientar con su reflexión «cómo» rezar. Espero, querido lector, querida lectora, que también hayas adquirido muchos conocimientos al leer este libro, y rezo para que los compartas con otros.

¡Permanezcamos unidos en profundizar en nuestra vida de oración y disfrutemos enseñando a los demás a rezar también con la Palabra de Dios!

ÍNDICE

Prólogo 5

Introducción 7

Cómo utilizar el libro 11

Condiciones para la oración 13

¿Qué necesitas? 14

Semana 1:
Ejercicios de calentamiento

Introducción a la semana 1 19

Semana 1: Ejercicios de calentamiento 21

Semana 1: día 1. El ejercicio de pedir 23

Semana 1: día 2. Crecer en la fe 27

Semana 1: día 3. Ven, Espíritu Santo 31

Semana 1: día 4. Poder de concentración 35

Semana 1: día 5. La batalla de la oración 39

Semana 1: día 6. Detectando ángeles 43

Semana 1: día 7. Deja que Dios haga el trabajo 47

Semana 2:
Estirando los músculos de nuestra fe

Introducción a la semana 2 53

Semana 2: Estirando los músculos de nuestra fe 55

Semana 2: día 1. Ser consolado 57

Semana 2: día 2. Oración afectiva 61

Semana 2: día 3. Y una oración efectiva 65

Semana 2: día 4. Oración «profunda» 69

Semana 2: día 5. Dios nos pide 73

Semana 2: día 6. Llama a un amigo 77

Semana 2: día 7. Examinando los frutos 81

Semana 3:
Rezar la Palabra de Dios con María

Introducción a la semana 3 87

Semana 3: Rezar la Palabra de Dios con María 89

Semana 3: día 1. El contexto de la oración........................ 91

Semana 3: día 2. Apertura de María, nuestra Madre........... 95

Semana 3: día 3. Confía en Dios...................................... 99

Semana 3: día 4. Un jardín cerrado 103

Semana 3: día 5. Ella guardó la Palabra 107

Semana 3: día 6. María, la Valiente.................................111

Semana 3: día 7. Misión posible.....................................115

Semana 4:
Hacerse global

Introducción a la semana 4 121

Semana 4: Hacerse global..123

Semana 4: día 1. Conciencia: la lámpara del alma.............125

Semana 4: día 2. Una conciencia bien formada.................129

Semana 4: día 3. Gracia sublime....................................133

Semana 4: día 4. El cuerpo místico de Cristo 137

Semana 4: día 5. Tiempos finales...................................141

Semana 4: día 6. Oración misionera...............................145

Semana 4: día 7. Ser una voz 149

Conclusión 153